Roland Bunde

Was ist der Mensch

Impressum/Imprint (nur für Deutschland/ only for Germany)
Bibliografische Information der Deutschen Nationalbibliothek: Die Deutsche Nationalbibliothek verzeichnet diese Publikation in der Deutschen Nationalbibliografie; detaillierte bibliografische Daten sind im Internet über http://dnb.d-nb.de abrufbar.

Coverbild: www.ingimage.com

Contact:
International Book Market Service Ltd., 17 Rue Meldrum, Beau Bassin, 1713-01 Mauritius
Website: www.bookmarketservice.com
Email: info@bookmarketservice.com

Gedruckt in: USA, UK, Deutschland. Dieses Buch wurde nicht in Mauritius produziert.

Imprint (only for USA, GB)
Bibliographic information published by the Deutsche Nationalbibliothek: The Deutsche Nationalbibliothek lists this publication in the Deutsche Nationalbibliografie; detailed bibliographic data are available in the Internet at http://dnb.d-nb.de.

Cover image: www.ingimage.com

Contact:
International Book Market Service Ltd., 17 Rue Meldrum, Beau Bassin, 1713-01 Mauritius
Website: www.bookmarketservice.com
Email: info@bookmarketservice.com

Printed in: U.S.A., U.K., Germany. This book was not produced in Mauritius.

ISBN: 978-3-8416-0270-1

Inhaltsverzeichnis

Was ist der Mensch

Was ist der Mensch

Psalm 8

Ein Psalm Davids - vorzusingen, auf der Gittit.

HERR, unser Herrscher, wie herrlich ist dein Name in allen Landen,

der du zeigst deine Hoheit am Himmel!

Aus dem Munde der jungen Kinder und Säuglinge

hast du eine Macht zugerichtet um deiner Feinde willen,

dass du vertilgest den Feind und den Rachgierigen.

Wenn ich sehe die Himmel, deiner Finger Werk,

den Mond und die Sterne, die du bereitet hast:

Was ist der Mensch, dass du seiner gedenkst,

und des Menschen Kind, dass du dich seiner annimmst?

Du hast ihn wenig niedriger gemacht als Engel,

mit Ehre und Herrlichkeit hast du ihn gekrönt.

Du hast ihn zum Herrn gemacht über deiner Hände Werk,

alles hast du unter seine Füße getan:

Schafe und Rinder allzumal, dazu auch die wilden Tiere,

die Vögel unter dem Himmel und die Fische im Meer und alles,

was die Meere durchzieht.

HERR, unser Herrscher, wie herrlich ist dein Name in allen Landen!

HOCH**GEACHTET**

„Herr, unser Herrscher, wie herrlich ist dein Name". Diese anbetende Anrede Gottes steht am Beginn und am Ende von Psalm 8. In diesem hymnischen Psalm-Lied kommt eine tiefe Faszination über Gott zum Ausdruck. Hier werden nicht der Himmel, Sonne, Mond und Sterne angebetet, sondern der Herrscher über Himmel und Erde. Nicht die Wunder der Natur werden gelobt, sondern der wunderbare Schöpfer. Auch wird nicht der Mensch glorifiziert, sondern der Vater im Himmel, der jeden Menschen geschaffen hat und sich ihm ganz persönlich zuwendet. Von der Schöpfung schließt der Psalmdichter auf den Schöpfer. Wenn man Psalm 8 liest, sieht man die Welt plötzlich mit anderen Augen.

Nichts ist nur zufällig. Da wird die wunderbare Anordnung der Himmelskörper besungen: *„Jedes Mal wenn ich deinen Himmel sehe, das Werk deiner Finger, Mond und Sterne, die du an ihren Platz gestellt hast".* Wenn ich im Urlaub unter einem Sternenhimmel liege, sehe ich die Werke Gottes. Wunderbar. Ich staune. Jeder Himmelskörper ist ein Werk seiner Finger. Nun wird sich der Psalmist der Bedeutung des Menschen bewusst. So winzig der Mensch gegenüber den Weiten des Universums erscheinen mag: Gott hat ihn seiner Schöpfung zugeordnet und ihm eine außerordentliche Würde verliehen: *„Was ist der Mensch, dass du an ihn denkst und das Menschenkind, dass du dich um ihn kümmerst? Du hast ihn wenig geringer gemacht als Engel, mit Herrlichkeit und Pracht krönst du ihn!".* Was für ein Menschenbild. An anderen Stellen wird im Alten Testament von der Nichtigkeit des menschlichen Daseins berichtet. Demnach gleicht der Mensch *„einem Hauch"*, *„Staub"* oder *„einer Blume auf dem Felde".* Tatsächlich ist der Mensch vergänglich! Dennoch verleiht der Dichter des Psalms dem Menschen eine hohe Würde. In den Augen Gottes ist jeder einzelne Mensch hoch geachtet – unabhängig von Herkunft, Rasse oder Geschlecht. Ob du´s glaubst oder nicht, *„Gott denkt an dich", „Gott* *kümmert sich um dich".* Der Schöpfer allen Lebens hat den Menschen zu seinem Ebenbild geschaffen, um mit ihm in Beziehung zu sein. Das ist unsere Bestimmung. Und jeder Mensch hat eine Ahnung davon.

„Er hat uns wenig geringer gemacht als Elohim" heißt es sogar! Das hebräische Wort „Elohim" kann mit „Gott" bzw. „Gottwesen" oder auch „Engel" übersetzt werden. Wie die Engel kann der Beter des Psalms den Allmächtigen anbeten. Sein ganzes Wesen verbindet sich mit Gott. Das ist ein wunderschönes Erleben. Aber ist dieser Gedanke nicht auch gefährlich? Neigt der Mensch doch dazu, die eigenen Möglichkeiten maßlos zu überschätzen. Das kann soweit gehen, dass der Mensch glaubt, Gott nicht zu brauchen. Bei allem Respekt, der Mensch bleibt Mensch. Seine engelsgleiche Würde empfängt der Mensch insbesondere in der Anbetung. Worüber ich immer wieder staune, ist die Tatsache, dass der Allmächtige dem Menschen so viel Macht gegeben hat: *„Gott, du hast den Menschen zum Herrschen beauftragt über die Werke deiner Hände; alles - die Natur und alle Tiere - hast du unter seine Füße gestellt."* Können wir dieser Verantwortung überhaupt gerecht werden? Wenn man bedenkt, wozu der Mensch fähig ist: Er spaltet Atomkerne und durchquert das Weltall. Der Mensch operiert am offenen Herzen. Er klont ein Schaf und steht in der Versuchung, dasselbe mit Menschen zu tun. Der Mensch ist die Krone der Schöpfung. Aber auf dem himmlischen Thron sitzt immer noch der Schöpfer. Gott, der Herr herrscht über Zeit und Ewigkeit. Wir sind eingesetzt, die Welt unter seiner Herrschaft verantwortungsvoll zu verwalten. Das dürfen wir niemals vergessen! Die Art des Herrschens, von der im Psalm die Rede ist, zielt wohlbemerkt auf Nachhaltigkeit. Doch die Natur seufzt zunehmend unter den ausbeuterischen Herrschaftsansprüchen des Menschen. Man müsste viel lauter protestieren, denke ich manchmal. Damit sich etwas wendet, muss sich der Mensch seinem Schöpfer zuwenden. Dann mache ich mir bewusst: Es gibt einen Gott und ICH bin es NICHT. Ich möchte demütig bleiben. Über allem steht ein Gott, der sich selbst erniedrigt hat, um Mensch zu werden (vgl. Phil 2,5ff). Was ist das für ein Gott, der die Größe besitzt, Mensch zu werden? Gott hat seine Macht nicht missbraucht. Im Gegenteil: Er hat seine Liebe mit aller Macht in diese Welt gebracht – in Jesus Christus.

Nur unter seiner Herrschaft können wir unserer Verantwortung in dieser Welt gerecht werden. Gottes schöpferischer Geist befähigt mich, selbstlos zu lieben. Wenn etwas die Welt verändern kann, ist es die göttliche Liebe, die in Christus erschienen ist. Er ist der Morgenstern, der heller leuchtet und funkelt als alle anderen Stars und Sternchen dieser Welt. Ich möchte den Schöpfer Himmels und der Erden anbeten. Wie herrlich ist der Namen des menschgewordenen Gottes! Ich bin begeistert. Sein Geist bezeugt meinem Kleingeist, dass ich ein geliebtes Kind Gottes bin, sein Ebenbild, auf Beziehung zu ihm hin angelegt. Im Blick auf Gott erfahren wir die nötige Korrektur: Wenn ich Gott lobe und anbete, kann ich mich selbst weder über Gott erheben, noch mich selbst gering schätzen. Wenn ich Gott lobe und anbete, kann ich meine Mitmenschen weder an die Stelle Gottes setzen, noch sie verachten. Wenn ich Gott lobe, kann ich weder die Natur zu meinem Gott erheben, noch sie unbedacht ausnutzen. Wer auf Gott schaut und ihn in seiner Herrlichkeit anerkennt, wird die Welt und sich selbst mit anderen Augen sehen und entsprechend handeln.

„Herr, wie herrlich ist dein Name“. In Gottes Namen wurden Kriege geführt und beendet, Menschen verbrannt und geheilt. Leider wird der Name Gottes vielfach missbraucht. Im zweiten Buch Mose (3,9-15) wird berichtet, wie der Gottesname Jahwe entstanden ist. Das hebräische Wort „Jahwe“ heißt übersetzt: *„Ich bin, der ich bin.“* Was sagt das aus über Gott? Wenn man übersetzt *„Ich bin der Seiende, der ich schon immer gewesen bin und ewig sein werde“,* käme damit zum Ausdruck, dass Gott souverän und transzendent ist. Der Gottesname beinhaltet aber noch eine andere Dimension. Man kann auch übersetzen: *„Ich bin der, der ich immer für dich da bin und immer für dich da sein werde.“* Nichts und niemand kann mich trennen von der Liebe, die in Christus Jesus erschienen ist (vgl. Röm 8). Wenn Jesus Christus und die in ihm offenbarte Liebe mein Gottesbild prägt, bekenne ich voll Ehrfurcht und Bewunderung: *„Jahwe, wie herrlich ist dein Name“.*

BEZIEHUNGS**FÄHIG**

Wer bin ich wirklich? Gott allein weiß es! Gott kennt mich besser als ich mich selbst. Sicher, wir können versuchen, vor Gott zu fliehen. Doch das ist im Grunde unmöglich. Der Beter des 139. Psalms kommt zu folgender Erkenntnis: *„Wie könnte ich mich dir entziehen; wohin könnte ich fliehen, ohne dass du mich siehst? Stiege ich in den Himmel hinauf - du bist da! Wollte ich mich im Totenreich verbergen - auch dort bist du! Eilte ich dorthin, wo die Sonne aufgeht, oder versteckte ich mich im äußersten Westen, wo sie untergeht, dann würdest du auch dort mich führen und nicht mehr loslassen. Wünschte ich mir: "Völlige Dunkelheit soll mich umhüllen, das Licht um mich her soll zur Nacht werden!" Für dich ist auch das Dunkel nicht finster; die Nacht scheint so hell wie der Tag und die Finsternis so strahlend wie das Licht" (Ps 139,7-12).*

Vor Gott zu fliehen, ist genauso unmöglich, wie der Versuch, vor sich selbst wegzulaufen. Wenn ich es versuche, komme ich nicht weit. Denn ganz gleich, wo ich mich verkriechen wollte, ich wäre immer noch bei mir selbst. Ob es mir gefällt oder nicht, ich werde mich selbst einfach nicht los. Es wäre weise, das zu akzeptieren. Mich erinnert das an die Geschichte eines Mannes, der versuchte, vor seinem eigenen Schatten davonzulaufen. Er wollte um alles in der Welt seinen Schatten loswerden. Doch sobald er sich umdrehte, sah er seinen Schatten, der ihn ständig verfolgte. Ihm fiel nichts Besseres ein, als schneller zu laufen – schneller und noch schneller, bis er irgendwann tot umfiel. Vielleicht wissen Sie sehr wohl, wovor Sie weglaufen. Manchmal ist uns das aber gar nicht so bewusst. Da sind gewisse Abwehrmechanismen, die verhindern, dass die verborgenen Dinge ins Bewusstsein gelangen. Die Psyche schützt sich, und darum blockiert sie die schmerzhaften Erinnerungen, ebenso Ängste, Wut und Scham. Allein Gott weiß, was sich unter unserer Bewusstseinsoberfläche befindet und uns unbewusst steuert. Soviel ist sicher: Wovor ich weglaufe und wonach ich mich sehne, hat beides mit mir zu tun. Viele flüchten sich in eine neue Beziehung zu einem Partner und sind enttäuscht, wenn sich in der neuen Beziehung alte Verhaltensmuster wiederholen. Was auch immer wir versuchen, wir werden unseren Schatten nicht los – auch nicht die Schatten der Vergangenheit. Es bleibt uns eigentlich nur eins übrig, nämlich stehen zu bleiben und sich den Schatten seiner selbst zu stellen. Können Sie sich so annehmen, wie Sie sind – mit Ihren Schattenseiten? Ich weiß von mir, dass ich mich zutiefst danach sehne, mich so anzunehmen, wie ich bin. Manchmal gelingt mir das ganz gut – manchmal aber auch nicht. Dann kann es sein, dass ich mich mal wieder über meine Leistung definiere. Das aber kann dazu führen, dass man sich in die Arbeit flüchtet. Auch das kann's nicht sein. Wie ist das mit Ihrem Selbstwertgefühl? Die Frage ist, wie es gelingen kann, sich im besten Sinne selbst zu lieben. Genau auf diese Frage finden wir keine befriedigende Antwort in uns selbst. Diese Frage ist eine Frage, die uns erahnen lässt, dass es da vielleicht doch einen Gott gibt, der uns besser kennt, als wir selbst, und der eben auch besser weiß, wie wir zu uns selbst finden! Darum halte ich es für weise, sich mit folgenden Worten an Gott zu wenden: *„Durchforsche mich, Gott, und sieh mir ins Herz und prüfe meine Gedanken und Gefühle. Sieh, ob ich in der Gefahr stehe, dir untreu zu werden. Dann hole mich zurück auf den Weg, der zum ewigen Leben führt" (Psalm 139,23+24).*

Sind Sie bereit, Gott in Ihr Herz schauen zu lassen? Vielleicht fragen Sie sich, warum Sie das tun sollten! Ich glaube, dass Gott mich besser kennt, als ich mich selbst kenne. Darum möchte ich herausfinden, was Gott sieht, wenn er mich auf Herz und Nieren prüft. Dieser Gedanke hat für mich überhaupt nichts Beängstigendes. Ganz im Gegenteil: Weil ich zu mir selbst finden möchte, suche ich Gott! Denn erst wenn ich meine Identität in Gott gefunden habe, kann ich mich so annehmen, wie ich bin. Für mich ist Gott Liebe – er liebt mich. Weil Gott mich liebt, hat er mich geschaffen. Und weil er mich geschaffen hat, weiß er, wie´s in mir aussieht. Und weil er weiß, wie´s in mir aussieht, hat er seinen Sohn Jesus Christus gesandt. So sehr hat Gott die Welt mit seinen gegenwärtig sieben Milliarden Menschen geliebt (vgl. Joh 3,16). Der Gott, an den ich glaube, möchte alles, was mich von ihm und von mir selbst trennt, vergeben und letztendlich heilen. Nur auf diese Weise kann ich zu dem Menschen werden, der ich gerne sein möchte - ein geliebter Mensch. Einer, der sich selbst lieben kann, ohne selbstverliebt zu sein. Einer, der Gott liebt und darum fähig ist, selbstlos zu lieben. Einer, den nichts und niemand von der Liebe Gottes trennen kann, und der darum ein gesundes Selbstbewusstsein besitzt!

Die Zeichnung zeigt einen Mann, der eine innere Distanz zu sich selbst, zu Gott und zu anderen Menschen spürt. Dieser Mann versteht sich selbst manchmal nicht. Da sind zwei Seelen in seiner Brust. Es gibt Dinge, die er erfolgreich abgespalten hat. Nach außen wirkt alles ganz normal. Doch innerlich fühlt er sich hin- und hergerissen oder sogar zerrissen. Was wohl alles sichtbar werden würde, wenn wir unser Innerstes für Gott öffnen, und wir unsere Gedanken und Gefühle von ihm durchforschen lassen? Sünde bezeichnet genau diesen Zustand – auf der einen Seite der Mensch, der ich gerne sein möchte – geliebt, zufrieden, ausgeglichen, heil. Auf der anderen Seite der Mensch, der ich auch bin – verletzt, eigenwillig, getrieben, unzufrieden. Was das mit Sünde zu tun hat? Man denkt bei dem Wort Sünde immer gleich an irgendwelche schlimmen Sachen, die man ja tunlichst vermeiden sollte. Doch so einfach ist es nicht. Sünde bedeutet Trennung – Trennung von Gott und gleichzeitig Trennung von dem Menschen, der ich tief in meinem Herzen sein möchte, der ich aber nicht bin. Das zu erkennen, ist eine ganz wesentliche Voraussetzung für Veränderung. Damit Sünde im Sinne von Trennung nicht länger zwischen mir und Gott bzw. zwischen mir und meinem ganzheitlichen ICH steht, brauche ich einen Erlöser. Ich selbst kann mich nicht von meinem abgespaltenen ICH lösen. Das kann nur Gott selbst, indem ich seine vollkommen selbstlose Liebe, die er mir in Christus Jesus erwiesen hat, verinnerliche. Was Jesus am Kreuz auf Golgatha auch für mich getan hat, verhilft mir dazu, gnädiger mit mir selbst zu sein! Und wer gnädig mit sich selbst ist, wird auch gnädiger mit anderen sein. Dann kann ich mir meine Fehler besser vergeben, weil ich glauben kann, dass Gott mir vergeben hat. Ich kann mich so unvollkommen, wie ich bin, besser annehmen, weil ich weiß, dass Gott mich trotz allem bedingungslos liebt. Damit aber nicht genug. Ich will mich ja nicht damit begnügen, so zu bleiben, wie ich bin. Ich für meinen Teil will mich gerne verändern und darum will ich mich „durchforschen“ lassen. Ich will herausfinden, ob ich auf dem richtigen Weg bin. Der Weg der Selbsterkenntnis aber ist steinig und schwer. Wahrscheinlich ist es ein langer Weg – vielleicht sogar ein lebenslanger Prozess. Doch entscheidend ist, dass die Richtung stimmt. Viele denken, der Weg ist das Ziel. Doch was ist, wenn der Lebensweg beendet ist? Die Bibel spricht von einem *„ewigen Weg“*. Es geht um mehr. Es geht darum, zu einem Menschen zu werden, den nichts und niemand von Gott trennen kann - bis in Ewigkeit.

Im neuen Testament schreibt Paulus einen bemerkenswerten Vers im großen Kapitel über die selbstlose Liebe Gottes – 1. Korinther 13,12: *„Jetzt schauen wir in einen Spiegel und sehen nur rätselhafte Umrisse. Zukünftig aber schauen wir von Angesicht zu Angesicht. Jetzt erkenne ich unvollkommen, dann aber werde ich durch und durch erkennen, so wie ich auch durch und durch erkannt worden bin“*. Stellen Sie sich vor, Gott hält Ihnen einen Spiegel vor. Sicherlich werden wir unser wahres ICH nicht vollkommen enträtseln können. Das aber wird sich ändern, wenn wir Gott von Angesicht zu Angesicht sehen werden. Dann werden wir alle einsehen müssen, dass wir schon immer durchschaut worden sind! Es gibt einen Gott, der uns so sehr liebt, dass er seinen Sohn gesandt hat, damit alle, die an ihn glauben, erlöst werden – erlöst von einem falschen Selbstbild und auch von einem falschen Gottesbild.

Was werden Sie nun tun? Werden Sie akzeptieren, dass Sie vor Gott und vor sich selbst nicht fliehen können? Werden Sie Ihr Herz, mit all Ihren intimsten Gedanken und Gefühlen, durchforschen lassen? Wollen Sie Ihren eigenen Weg gehen oder den ewigen Weg? Wenn Sie in die Stille gehen und ehrlich beten: *„Durchforsche mich, Gott, und sieh mir ins Herz und prüfe meine Gedanken und Gefühle“*, werden Sie Antworten bekommen - Antworten, die Sie vielleicht gar nicht hören möchten. Antworten, die Ihnen den Weg weisen, um frei zu werden. Lassen Sie sich durchforschen – von dem Gott, dessen Liebe Ihr Selbstbild verändern wird.

Gnädiger Gott,
du weißt,
wie es in mir aussieht.
Du kennst mich besser,
als ich mich selbst.

Durchforsche mich, Gott,
und sieh mir ins Herz,
prüfe meine Gedanken und Gefühle.

Bewahre mich davor, vor mir selbst
beziehungsweise vor dir zu fliehen.

Vergib mir, wenn ich eigene Wege gegangen bin.
Ich will in Zukunft in Beziehung mit dir sein.

Danke, dass du mir dein Angesicht freundlich
zuwendest und mich gnädig ansiehst.

AMEN

ANGST**FREI**

Angst hat mit Enge zu tun. Die Blutgefäße verengen sich. Das Herz pocht und pumpt das Blut fünfmal schneller durch den Körper. Die Muskelspannung nimmt zu. Alles verkrampft sich. Die Atmung wird flacher, bis man kaum noch Luft bekommt. Ich kenne diese Symptome nur zu gut. Wenn die Sorgen zu groß werden, bekomme ich Schiss – im wahrsten Sinne des Wortes. Ich hätte mich niemals getraut, gegen einen Riesen wie Goliat zu kämpfen. Ich würde eher versuchen wegzulaufen! Doch manchmal muss man sich der Angst stellen – so wie David es getan hat. Diese etwa dreitausend Jahre alte Geschichte von David und Goliath fasziniert bis heute. Sie ist nachzulesen im alttestamentlichen Buch 1. Samuel, Kapitel 17. Woher nimmt dieser Hirtenjunge nur den Mut, gegen jemand zu kämpfen, der viel größer und stärker ist? Es gibt kaum eine biblische Geschichte, die so bekannt ist, wie die von diesem ungleichen Kampf. Wir brauchen solche Mut-Mach-Geschichten. Ich habe einiges in dieser Geschichte entdeckt, was mir hilfreich erscheint, wenn die Sorgen zu Riesen werden:

1. Ängste eingestehen und richtig einschätzen

Ich gehe davon aus, dass auch ein David Angst hatte. Denn es ging um Leben und Tod – und es ging nicht nur um sein Leben, sondern um die Zukunft seines Volkes. Wenn nämlich David gegen Goliath im Kampf Mann gegen Mann getötet worden wäre, hätten die Philister das Land eingenommen und das ganze Volk versklavt (1.Sam 17,9). Diese Verantwortung muss David gespürt haben, auch wenn davon nichts in der biblischen Erzählung berichtet wird. Es gibt Situationen, da sind Ängste berechtigt! Wichtig ist, Ängste wahrzunehmen und sie sich auch einzugestehen. Der Satz: *„Du brauchst dir keine Sorgen machen"* hilft da nicht weiter – im Gegenteil. Jesus hat einmal gesagt: *„In der Welt habt ihr Angst" (Joh 16,33).* Wir dürfen Angst haben. Angst gehört ganz natürlich zu unserem Menschsein in dieser Welt! Dann wird es darauf ankommen, sich bewusst zu machen, was einem Angst macht und was die Angst mit einem macht! Angst ist nicht gleich Angst. Es gibt berechtigte Ängste, und es gibt übersteigerte Ängste. Nun habe ich von einem Professor der Medizin gehört, dass dieser Goliath, der nach Angaben der Bibel über drei Meter groß war, wahrscheinlich unter einer seltenen genetischen Wachstumsstörung gelitten haben soll. Demnach hätte Goliath zwar äußerlich Angst einflößend gewirkt. Doch aufgrund des unnatürlichen Wachstums auch im Bereich des Gehirns soll dieser Riese nur äußerst eingeschränkt sehfähig und auch nur bedingt konzentrationsfähig gewesen sein. Der Name „Goliath" bedeutet übrigens „der Glänzende". Manchmal trügt der schöne Schein. Dann lasse ich mich blenden, steigere ich mich in etwas hinein. Das kann so weit gehen, dass man Gespenster sieht, obwohl man weiß, dass es keine Gespenster gibt. Halten wir fest: Es hilft nichts, Ängste zu verleugnen oder zu verdrängen. Die Angst ist stärker. Wichtig ist, Ängste bewusst wahrzunehmen, sie sich einzugestehen und sie möglichst realistisch einzuschätzen.

2. Der Angst stellen

Ich habe mich gefragt, wie die Geschichte wohl ausgegangen wäre, wenn David nicht von seinem Vater zu seinen älteren Brüdern auf das Schlachtfeld geschickt worden wäre. Eigentlich sollte David seinen Brüdern ja nur etwas zu Essen bringen und sich einen Eindruck verschaffen, warum die Kampfhandlungen nach 40 Tagen immer noch nicht begonnen hatten. Was wäre wohl passiert, wenn David bei seinen Schafen geblieben wäre? Ob sich der stärkste Soldat der Israeliten getraut hätte, gegen Goliath anzutreten? Vermutlich nicht. Wahrscheinlich hätten viele am liebsten die Flucht ergriffen. Doch es gibt Situationen, da gibt es keinen Ausweg, keine Lösung, kein zurück. Ich meine Situationen, wo man einfach durch muss. Sich dem zu stellen, löst natürlich Ängste aus – berechtigte Ängste. Ich gehe davon aus, dass sich David schon so seine Gedanken über den worst-case gemacht hat. David war nicht naiv. Vielmehr zeichnete ihn ein außergewöhnliches Gottvertrauen aus. Er glaubte ganz fest, dass sich sein Gott nicht verspotten lassen würde. Das glaubten die anderen israelitischen Soldaten ja theoretisch auch. Doch in der Praxis – wenn es drauf ankommt – sieht das manchmal ganz anders aus. Was David betrifft, der hatte schon mit Löwen und Bären gekämpft. Das muss man sich mal vorstellen: Dieser David ist Löwen und Bären hinterher gerannt, um das erbeutete Schaf ihrem Rachen zu entreißen (V.34f). Er hatte also schon mehrfach sein Leben für das Leben eines Schafes auf´s Spiel gesetzt. Tja, ob David die Gefahr immer so richtig eingeschätzt hat, vermag ich nicht zu beurteilen. Doch er ist stets bewahrt geblieben, sodass er ein enormes Selbstvertrauen gewonnen hatte - Selbstvertrauen, das sich entwickeln konnte, weil David immer wieder die Erfahrung machen konnte, dass sein Gott eingreift, wenn es drauf ankommt. Schließlich war es König Saul, der David sein Vertrauen schenkte. Es ist eine Frage des Vertrauens, ob ich mich meiner Angst stelle oder nicht. Dann ist es gut, wenn da Menschen sind, die mir zur Seite stehen und mir viel zutrauen! Ich brauche ein gesundes Selbstbewusstsein und vor allem brauche ich diese göttliche Zusage: *„Fürchte dich nicht – denn ich bin bei dir“.* Im Blick auf seinen bevorstehenden Tod am Kreuz konnte Jesus sagen: *„In der Welt habt ihr Angst, aber seid getrost – ich habe die Welt überwunden“* (Joh 16,33). Jesus Christus hat die Angst vor dem Tod überwunden, und er ist am dritten Tage auferstanden. Wer das glauben kann, verliert die Angst vor dem Tod. Dabei ist zu bedenken, dass der Tod im höchsten Maße Verlustängste hervorruft. Niemand möchte sein Leben verlieren. Doch selbst, wenn wir unser Leben verlieren, gewinnen wir im Vertrauen auf Jesus Christus ewiges Leben. Wenn wir glauben, dass Jesus den Tod am Kreuz überwunden hat, können wir nicht verlieren. Niemals. Wir können nur gewinnen. Das Einzige, was wir in diesem Glauben verlieren, ist die Angst.

1. Mit eigenen Waffen kämpfen

Ich denke, man kann im Umgang mit Ängsten wirklich einiges von David lernen. Saul wollte David ja gleich in seine königliche Rüstung pressen. Das war gut gemeint. Er wollte ihn gut ausrüsten und starkmachen. Doch was hilft die beste Rüstung, wenn sie nicht zu einem passt! David hätte den Kampf gegen Goliath mit Sicherheit verloren, wenn er mit denselben Waffen gekämpft hätte. Entscheidend war, dass David seine eigenen Stärken kannte. Er wusste, was er mit der Schleuder kann. Eigentlich brauchte er nur fünf glatte Steine zu suchen. Neben der Verlustangst sind wir in unserer leistungsorientierten Gesellschaft an vielen Stellen mit einer großen Versagensangst konfrontiert. Je höher die Erwartungen desto größer die Angst, den Anforderungen nicht gerecht werden zu können. Dann möchte man am liebsten fliehen. Aber wohin? Vertrauen Sie auf Ihre Stärken und vertrauen Sie auf Gott. Machen Sie sich bewusst, dass jeder Goliath am Ende die Knie vor Jesus Christus beugen muss (vgl. Phil 2,10)! Wenn wir darauf vertrauen, dass Jesus uns vergeben hat, brauchen wir uns nicht zu fürchten – jedenfalls nicht vor Gott. Ich habe keine Angst vor Gott. Aber ich habe sehr wohl eine große Ehrfurcht vor diesem Gott, der jedem beisteht, der sich wie David gegen Goliath fühlt. Und ich kann es aus eigener Erfahrung nur so bezeugen, dass meine Angst an Macht verliert, wenn ich sie mir eingestehe, wenn ich mich ihr bewusst entgegenstelle und wenn ich auf meine Stärken vertraue! Dann verliert die Angst an Macht, weil ich es glauben kann: Gott kämpft und siegt mit mir.

ONLINE

Könnte das Internet zu einer Art Religion werden? In einem Artikel der Zeitschrift „KulturSPIEGEL“ (07/2010) stieß ich auf diese Fragestellung. Die Überschrift dieses Artikels von Philip Bethge lautet: *„Unser täglich Netz“.* Längst ist unser täglich Brot das World Wide Web – das weltweite Netz, zu dem jeder unter www. Zugang findet. Mittlerweile sind hierzulande 98 % der Kinder und Jugendlichen im Alter von 10 bis 18 Jahren „User“ – also Nutzer des Internets. Nur kurz zur Erinnerung: Als ich 10 Jahre alt war, wurde gerade der erste Apple-Computer entwickelt. Insofern kann das Internet als „allmächtig“ bezeichnet werden: Alle machen mit! Alle nachfolgenden Generationen jedenfalls werden mit dem Internet aufwachsen. Das ist ganz selbstverständlich so und daran wird sich voraussichtlich nie mehr etwas ändern. Hat die Bibel also ausgedient als Weltenerklärer? Wozu beten, wenn man googeln kann? Warum einer Kirchengemeinde anschließen, wenn man der Facebook-Gemeinde angehört? Warum an einen Gott glauben, wenn einem das tägliche Netz all das gibt, was man braucht?

Ich glaube, dass das Internet tatsächlich für manch einen Netzwerk-Jünger zu einer Art Religion werden kann – ich betone „kann“. Dabei geht es gar nicht darum, ob das Internet allmächtig ist oder nicht. Die Frage ist vielmehr, was das Internet mit mir macht. Hat es Macht über mich? Das ist die entscheidende Frage. Können Sie das Internet segensreich nutzen – zum Segen für Sie persönlich oder auch zum Segen für andere? Oder spüren Sie manchmal auch den Fluch, der vom Internet ausgehen kann? Tja, jeder muss für sich persönlich klären, wo der Segen des Internets aufhört. Das zu entscheiden, ist gar nicht so einfach. Die Grenzen zwischen Segen und Fluch sind fließend! In diesem Zusammenhang spielt für mich ein bestimmter Bibelvers eine ganz wesentliche Rolle. Im ersten Korintherbrief ist zu lesen: *„Alles ist erlaubt! Aber nicht alles dient zum Guten. Alles ist mir erlaubt. Aber nichts soll Macht haben über mich“* (1. Kor 6,12; vgl. 10,23). Diesen Bibelvers sollte man sich einrahmen und irgendwo in der Nähe des Bildschirms aufhängen! Grundsätzlich gilt: Alles ist erlaubt. Ja. Alles zu verbieten ist ohnehin zwecklos. Sicher, es gibt Programme, die den Zugang zu gewissen Seiten verhindern – und das ist gut so. Manchmal ist es sicherlich besser, wenn ich meinen Kindern oder auch mir selbst etwas verbiete, weil ich ganz genau weiß, dass nicht alles, was erlaubt ist, auch zum Guten dient. Nun gehe ich davon aus, dass sich Gott in unserem Gewissen bemerkbar macht. Wenn ich ehrlich bin vor Gott und vor mir selbst, merke ich sehr wohl, was mir zum Guten dient und was nicht. Dann wird mir bewusst, wo ich in der Gefahr stehe, abhängig zu werden. Wichtig ist, sich gewisse Versuchungen bewusst zu machen. Wer das nicht macht, wird den Versuchungen nicht widerstehen können. Irgendwann hat man nicht mehr die Macht über das, was man da im weltweiten Netz tut. Das Verführerische am Internet ist ja, dass man vieles so gut verheimlichen kann – man darf sich eben nur nicht erwischen lassen. Wer ein bisschen Ahnung hat, kann sich auf illegalen Wegen Musik oder Filme herunterladen! Man kann sich online Sachen bestellen, von denen niemand etwas wissen darf! Man kann sich still und heimlich auf Kontaktsuche begeben, wenn´s in der Ehe kriselt! Nicht zuletzt kann man sich sehr freizügige und auch pornografische Bilder anschauen. Das Gewissen mag sich regen. Trotzdem möchte man das, was man einmal entdeckt und ausprobiert hat, noch einmal versuchen. Und wenn man erst einmal in Abhängigkeiten geraten ist, beginnt ein Teufelskreis, aus dem man nicht so leicht herauskommt. Übrigens wird genau dieses Problem auch schon im Korintherbrief angesprochen (vgl. V.13). Πορνεια (Porneia) ist das griechische Wort, das Luther mit „Unzucht" übersetzt hat. Was ist damit gemeint? Im alten Korinth war es so, dass selbst Christen wenig Skrupel hatten, sich mit Prostituierten zu vergnügen. Das wurde durch heidnische Kulte und griechische Gottheiten sogar legitimiert. Auf diesem Hintergrund hat das Wort „Porneia" schließlich die Bedeutung *„Götzendienst"* angenommen. Das ist insofern interessant, weil schon auf den ersten Seiten der Bibel derjenige verflucht wird, der neben dem einen, wahren Gott, insgeheim anderen Götzen dient (vgl. 5. Mose 27,15). Das heißt, das Internet an sich darf man nicht verfluchen. Es ist und bleibt ein Segen. Es kann aber zum Fluch werden. Wenn ich nämlich das Internet so nutze, dass mir Gott und seine Weisungen irgendwann nicht mehr so wichtig sind.

SEHN**SÜCHTIG**

Auch Jesus trank gerne mal einen guten Tropfen. Einige bezeichneten ihn sogar als *„Weinsäufer"*. Auf der Hochzeit in Kana verwandelte er Wasser zu Wein (Joh 2). An anderer Stelle heißt es: *„Trinke nicht nur Wasser, besser für deinen Magen ist es, wenn du etwas Wein trinkst"* (1. Tim 5,23). So verbinde ich mit einem guten Wein Wohlbefinden und Genuss. Allerdings steht in der Bibel auch: *„Lass dich nicht vom Wein verlocken, wenn er so rötlich schimmert, wenn er im Glas funkelt und so glatt die Kehle hinunter gleitet"* (Sprüche 23,31). Interessant, das hebräische Wort mit der ursprünglichen Bedeutung „Kehle", nahm später die Bedeutung „Seele" an. Wenn unsere Kehle nichts zu trinken bekommt, verspüren wir Durst. So empfindet auch die Seele Durst nach Leben. Wenn ein guter Wein genüsslich durch die Kehle fließt, prägt sich ein Reiz als besonders wünschenswert in unserem Gehirn ein. Irgendwann später erinnert uns das Gedächtnis an diesen Reiz. Die menschliche Seele sucht nach solchen Reizen. Da ist eine Sehnsucht tief in uns. Die Frage ist, wie wir diese Sehnsucht befriedigen können!

In der Weisheitsliteratur des Alten Testaments wird von einem König erzählt, der Weinberge anpflanzen ließ, um sich mit Wein zu berauschen (Prediger 2,3). Seine Schatzkammern füllten sich, sodass er sich alles kaufen konnte, was sein Herz begehrte. Er ließ die schönsten Frauen an seinen Hof kommen, damit sie für ihn tanzten und sangen – und meist blieb es nicht dabei...! Doch das Fazit dieses Königs war: *„Alles war letztendlich sinnlos – als hätte ich versucht, den Wind einzufangen – ein Haschen nach Wind"* (Prediger 2,11). Kennen Sie dieses Gefühl? Selbst, wenn man alles hat, ist es nie genug. Jeder schöne Reiz vergeht. Was bleibt, ist der verzweifelte Versuch, sich einen bleibenden Reiz zu verschaffen. Doch das bleibt ein Haschen nach Wind. So kann das Suchen der Seele in eine Sucht hinein führen.

Gibt es überhaupt eine Möglichkeit, die Sehnsucht tief in uns zu stillen? Vielleicht mit Extremsportarten, mit Karriere, mit Konsum, mit Sex, mit Computerspielen oder mit Drogen? Es gibt noch eine andere Möglichkeit: mit Gottes Geist! Der Heilige Geist erfüllt die Seele mit Liebe, Freude und Frieden (vgl. Gal 5,22). Jeder Mensch sehnt sich nach Liebe und es ist der Heilige Geist, der uns spüren lässt, wie sehr Gott uns wertschätzt. Da ist ein Gott, der mich so akzeptiert, wie ich bin – mit meiner Sehnsucht oder auch mit meiner Sucht. Jesus Christus hat uns gezeigt, wie unendlich groß die Liebe Gottes zu uns ist. Seine Liebe ging so weit, dass er für alle Menschen am Kreuz starb und damit auch für all die unerfüllten Sehnsüchte und die Konsequenzen, die sich daraus ergeben! Machen wir uns nichts vor: Wir alle brauchen Vergebung, weil wir oft genug den Versuchungen des Lebens nicht widerstehen können. Im Römerbrief heißt es: *„Das Gute will ich tun, aber ich tue das Böse. Ich wünsche mir nichts sehnlicher, Gottes Gebote zu erfüllen. Dennoch handle ich nach einem anderen Gesetz, das in mir wohnt“* (Röm 7,21-23). Manchmal verstehen wir uns selbst nicht. Gut zu wissen, dass Gott weiß, warum wir manchmal Dinge tun, die wir eigentlich nicht tun wollten. Gottes Geist offenbart mir die Wahrheit über mich selbst. Diese Wahrheit zu akzeptieren, ist nicht unbedingt leicht. Die Wahrheit ist: *„Der Geist ist willig, aber das Fleisch ist schwach“* (Mt 26,41). So willig der menschliche Geist sein mag, bei allem guten Willen, die Reize, die von unserem Gehirn oder auch von unserem „Fleisch“ ausgehen, sind stärker. Wir brauchen den Heiligen Geist, der unserem Geist beisteht, damit wir uns beherrschen können. Selbstbeherrschung ist auch eine Frucht des Heiligen Geistes.

Ganz entscheidend ist dabei das Gebet. Im Gebet kann ich sagen, was ich fühle, auch wo ich mich ohnmächtig fühle. Im Gebet kann ich meine Zwangsjacke ablegen, wozu ich ja eigentlich gar nicht selbst in der Lage bin. Ich kann ehrlich sein vor Gott und vor mir selbst. Ich kann um Vergebung bitten und ich kann darum bitten: *„Erlöse mich von dem Bösen.“* So schwach mein Geist auch sein mag, der Heilige Geist schenkt mir die Freiheit zu genießen und auch die Freiheit zu verzichten. Jesus hat einmal gesagt: *„Wer von dem Wasser trinkt, das ich ihm gebe, der wird nie wieder Durst bekommen. Dieses Wasser wird in ihm zu einer Quelle, die bis ins ewige Leben hinein fließt“ (Joh 4,14).*

UNGLÄUBIG

Was ist, wenn es den liebenden Gott, an den ich glaube, gar nicht gibt? Könnte es nicht sein, dass der Mensch Gott erfunden hat, damit wir uns nicht so klein und verlassen vorkommen auf diesem Planeten? Dieser Gedanke drängt sich manchmal auf. Kürzlich las ich folgenden Artikel in der Zeitung – unter der Rubrik „AUCH DAS NOCH“: *„In der Hightech Hochburg Japan bieten nicht nur Programmierer Schutz vor Viren und anderen Computerproblemen, sondern auch die Götter. Im Schrein Kanda-Myojin in der Hauptstadt Tokio kann man seinen geliebten PC zu den Priestern bringen, die unter Anwendung jahrhundertealter Zeremonien die Götter um Beistand für den schutzbedürftigen Computer anrufen.“* Tja, was soll man davon halten? Was für ein Aberglaube. Doch ist der Glaube an einen dreieinigen Gott, der sich in Jesus Christus offenbart hat und durch seinen Geist Einfluss auf unser Denken und Handeln nehmen will, aus wissenschaftlicher Sicht nicht genauso unwahrscheinlich, wie alle nur denkbaren Ausprägungen menschlichen Aberglaubens? Um rational auf der sicheren Seite zu sein, muss man sich wohl den Gedanken eines Albert Einstein anschließen. Wenn Albert Einstein den Begriff *„Gott“* benutzte, dann in einem rein metaphysischen Sinn. Er definierte Gott als das Wissen um die Existenz des für den Menschen Undurchdringlichen. *„In diesem Sinne glaube ich auch an Gott“,* bekennt der englische Naturwissenschaftler Richard Dawkins, der 2006 mit seinem Buch *„THE GOD DELUSION“ (Der Gotteswahn)* für Schlagzeilen sorgte. In seinem Bestseller stellt Dawkins allerdings klar: *„Der metaphorische Gott der Physiker ist Lichtjahre entfernt von einem eingreifenden, wundertätigen, Gedanken lesenden, Sünden bestrafenden, Gebet erhörenden Gott.“* Doch selbst wenn man Dawkins atheistischer Sicht Glauben schenkt, ändert das nichts an der Tatsache, dass jeder Mensch wissen möchte: *„Woher komme ich?“*, und *„Wohin gehe ich?“*

Ich glaube, wir brauchen ein göttliches DU, um auf die großen philosophischen Fragen eine zufriedenstellende Antwort zu bekommen. Letztendlich lässt uns das

Wissen über die unendlichen Weiten des Universums erahnen, um wie viel größer und unbegreiflicher die unsichtbare Wirklichkeit Gottes sein muss! Ja, Paulus behauptet in seinem Römerbrief, dass wir Menschen uns wirklich nicht herausreden können: *„Gott ist zwar unsichtbar, doch an seinen Werken, der Schöpfung, haben die Menschen seit jeher seine göttliche Macht und Größe sehen und erfahren können. Deshalb kann sich niemand damit entschuldigen, dass er von Gott nichts gewusst habe“* (Röm 1,20). Es bleibt also die Frage nach dem Ursprung bzw. nach dem, der alles, was wir sehen und erforschen, verursacht hat.

Warum nur wollen atheistisch gesinnte Menschen das nicht wahrhaben? Dawkins schreibt: *„Stellen wir uns doch mal eine Welt vor, in der es keine Religion gibt – keine Selbstmordattentäter, keinen 11. September, keine Anschläge auf die Londoner U-Bahn, keine Kreuzzüge, keine Hexenverfolgung, keine Aufteilung Indiens, keinen Krieg zwischen Israelis und Palästinensern, kein Blutbad unter Serben/Kroaten/Muslimen, keine Verfolgung von Juden als `Christusmörder`, keine Ehrenmorde, keine pomadigen Fernseh-Evangelisten im Glitzeranzug, die leichtgläubigen Menschen das Geld aus der Tasche ziehen. Stellen wir uns vor: Keine Zerstörung antiker Statuen durch die Taliban, keine öffentlichen Enthauptungen von Ketzern, keine Prügel für das Verbrechen, zwei Zentimeter nackte Haut zu zeigen“.* Diese Auflistung ist unbequem. Zugegeben, was da im Laufe der Kirchengeschichte im Namen Gottes an Unheil angerichtet worden ist, macht mich betroffen und auch zornig. Trotz allem bin ich davon überzeugt, dass Gott Liebe ist (1. Joh 4,16). Und weil Gott die Welt so sehr geliebt hat, sandte er seinen Sohn (Joh 3,16). Damit sich etwas ändert – und zwar zum Guten.

Für mich hat der christliche Glaube aus zwei Gründen eine große Relevanz:

1. Ich brauche Gott, damit ich nicht so bleibe, wie ich bin. Paulus schreibt: *„Obwohl die Menschen Gott schon immer kannten, wollten sie ihn nicht anerkennen, und ihm nicht danken. Stattdessen beschäftigten sie sich mit belanglosen Dingen und konnten schließlich in ihrer Unvernunft Gottes Willen nicht mehr erkennen. (...) Deshalb hat Gott sie ihren Trieben und Leidenschaften ausgeliefert“* (Röm 1,21-24). Nicht Gott straft uns, wir bestrafen uns selber, indem wir nicht nach Gottes Willen fragen. Wir brauchen seinen Geist, seine Liebe, damit wir anderen mit einer Liebe begegnen können, die dazu befähigt, den anderen höher zu achten, als sich selbst. Das ist göttlich und widerstrebt unserm Ego zutiefst. Darum ist es so wichtig, an Jesus Christus zu glauben. Damit wir einander so annehmen, wie Christus uns angenommen hat (Röm 15,7). Stellen Sie sich eine Welt vor, in der alle Menschen dazu bereit wären!

2. Ich brauche einen Gott, der mich so annimmt, wie ich bin! Nach meiner Wahrnehmung ist der Glaube vieler religiöser Menschen angstbesetzt. Da ist die Angst, den Ansprüchen Gottes nicht gerecht werden zu können. Aus eben dieser Angst heraus kann Glaube radikale oder sogar fundamentalistische Züge annehmen! Einen gnädigen Gott finde ich dagegen im christlichen Glauben – im Glauben an Jesus Christus, der all das, was wir anderen oder auch Gott schuldig bleiben, mit ans Kreuz genommen hat. Das kann ich alles nicht beweisen. Aber ich stehe hier und kann nicht anders, als zu bezeugen, dass Jesus mich erlöst hat, und ich immer stärker verinnerliche, dass Gott mich so annimmt, wie ich bin. Wissen Sie, was den ungläubigen Thomas letztlich überzeugt hat, an Jesus Christus zu glauben? Er konnte seine Finger in die Wunden Jesu legen. Alle redeten davon, dass Jesus drei Tage nach seinem Tod am Kreuz auferstanden sei. Doch das wollte er erst glauben, wenn Jesus leibhaftig vor ihm stehen würde und er seine Wunden berühren könnte (Joh 20,25). Nun müssen wir heute glauben, ohne zu sehen – so hatte es Jesus vorausgesagt. Das Geheimnisvolle ist, es ist tatsächlich möglich an Gott zu glauben, ohne ihn zu sehen – für alle, die sich darauf einlassen. Als ich mich dazu entschlossen habe, es zu wagen, konnte ich im Glauben gewissermaßen meine Finger in die Wunden Jesu legen. Im selben Moment erkannte ich, dass Jesus mich mit meinen Wunden und Verletzungen annimmt, so wie ich bin und das hat etwas mit mir gemacht. Gott ist nur ein Gebet weit von jedem entfernt – wir brauchen nur die Hand auszustrecken. Der Allmächtige ist uns näher, als wir denken. Er ist nur ein Gebet weit von jedem Menschen entfernt – ganz gleich, ob er gläubig ist oder nicht.

Jesus Christus,

du hast gesagt:

“Selig sind, die nicht sehen und doch glauben!”

Gott, du siehst meinen Glauben,

hilf meinem Unglauben.

Gott, wenn es dich gibt, dann

berühre und verändere mich.

Danke,

dass du mich so annimmst,

wie ich bin,

trotz meiner Zweifel und Vorbehalte.

Bitte hilf mir zu vertrauen und

gib mir diesen inneren Frieden,

der höher ist, als alle menschliche Vernunft.

AMEN

LIEBENS**WÜRDIG**

„Es bleiben Glaube, Hoffnung, Liebe – diese drei, aber am wichtigsten ist die Liebe" (1. Kor 13,13). Alles andere ist auch wichtig – aber am wichtigsten ist die Liebe. Es gibt nichts, was wichtiger wäre. Alles, was wir aus Liebe tun, hat höchste Priorität. Es ist schmerzhaft, wenn man im Nachhinein feststellen muss, dass es besser gewesen wäre, Prioritäten anders zu setzen. Wenn man etwas versäumt, was man zu einem späteren Zeitpunkt nicht mehr nachholen oder nicht wieder gut machen kann. Spätestens in solchen Situationen stellt sich die Frage, was wirklich zählt. Was hat im Leben einen bleibenden Wert? Was bleibt vor Gott bestehen?

Lassen Sie das, was Paulus in seinem Brief an die Gemeinde in Korinth über die Liebe schreibt, auf sich wirken. Es gibt keine schönere Beschreibung von Liebe, die uns allerdings auch herausfordert. Agape ist das griechische Wort, das im 13. Kapitel des ersten Korintherbriefes für Liebe steht – eine vollkommene, göttliche, selbstlose Liebe.

Bibeltext:1. Korinther 13,1-7

„Wenn ich in allen Sprachen der Welt, ja, mit Engelszungen reden kann, aber ich habe keine Liebe, so bin ich nur wie eine dröhnende Pauke oder ein lärmendes Tamburin. Wenn ich in Gottes Auftrag prophetisch reden kann, alle Geheimnisse Gottes weiß, seine Gedanken erkennen kann und einen Glauben habe, der Berge versetzt, aber ich habe keine Liebe, so bin ich nichts. Selbst wenn ich all meinen Besitz an die Armen verschenke und für meinen Glauben das Leben opfere, aber ich habe keine Liebe, dann nützt es mir gar nichts. Liebe ist geduldig und freundlich. Sie ist nicht verbissen, sie prahlt nicht und schaut nicht auf andere herab. Liebe verletzt nicht den Anstand und sucht nicht den eigenen Vorteil, sie lässt sich nicht reizen und ist nicht nachtragend. Sie freut sich nicht am Unrecht, sondern freut sich, wenn die Wahrheit siegt. Liebe ist immer bereit zu verzeihen, stets vertraut sie, sie verliert nie die Hoffnung und hält durch bis zum Ende."

Was wir aus Liebe tun, hat bleibenden Wert und höchste Priorität:

1. Wenn wir keine Liebe haben, nützt es nichts, mit Engelszungen zu reden

Natürlich ist es nicht unwichtig ist, wie wir miteinander reden. Eine gute Kommunikation ist äußerst wichtig für eine Liebesbeziehung! Doch selbst, wenn man alle Regeln des Sprechens und auch des Zuhörens beherrscht, würde das nichts nützen – ohne Agape. In Korinth versuchte man nicht nur mit Engelszungen zu reden, sondern man praktizierte die Gabe der Zungenrede. Was diese Geistesgabe betrifft, ist es so, dass man Laute bildet, die man selbst gar nicht versteht! Nach dieser Gabe sollte man streben. Doch selbst, wenn man wie Paulus diese Gabe empfängt und praktiziert, könnte man sich nichts darauf einbilden. Denn hätten wir die Liebe nicht, wäre das alles umsonst. Tönendes Erz und klingende Schellen stehen übrigens für Instrumente, die man sehr lautstark einsetzen konnte. Ob wir nun mit Engelszungen reden oder die Gabe der Zungenrede praktizieren, wir werden damit nichts erreichen, wenn es nicht in Liebe geschieht. Vielleicht kann man jemand mit seiner Rhetorik oder auch der Gabe der Zungenrede beeindrucken. Doch überzeugend ist letztlich nur *eine* Sprache – es ist die Sprache der Agape-Liebe.

2. Wenn wir keine Liebe haben, nützt unser Wissen nichts

Hierbei spielt Paulus wieder auf verschiedene Geistesgaben an – nämlich die Gabe der Erkenntnis und die Gabe der Prophetie. Diese Gaben beschreibt Paulus im Kontext von 1. Korinther 13 und er hebt hervor, wie wichtig gerade diese beiden Gaben sind. Wichtig ist auch für uns, diese Gaben nicht gering zu achten. Wir sollen nach diesen Gaben streben, aber eben nicht, um uns damit zu profilieren. Wissen ist Macht. Damit prophetische Erkenntnis nicht missbraucht wird, braucht es die Liebe. Es kommt darauf an, ein prophetisches Wort in Liebe zu vermitteln! Denn oftmals handelt es sich ja um eine offenbarte Wahrheit, die jemand vielleicht gar nicht so gerne hören möchte.

3. Wenn wir keine Liebe haben, nützt unser Glaube nichts

Das ist noch einmal eine Zuspitzung. Denn wer möchte nicht im Glauben Berge versetzen - zumindest einmal so einen kleinen Berg – der vor einem steht. Ja, ich möchte Wunder sehen. Ich möchte, dass sich etwas bewegt! Wichtig ist, dass wir daran glauben, dass Gott Berge versetzen kann. Noch wichtiger aber ist, dass wir nicht nur an den allmächtigen Gott glauben, sondern ihn lieben. Er ist schließlich der Gott, der uns zuerst geliebt hat und dessen Liebe so weit ging, dass Jesus Christus alles, was wir an Liebe schuldig geblieben sind und immer wieder schuldig bleiben, auf sich genommen hat. Ja, das ist das größte Wunder: Gott liebt mich, obwohl ich manchmal so kleingläubig und auch so lieblos bin.

4. Wenn wir keine Liebe haben, nützt unser Einsatz nichts

Deutlicher als Paulus kann man es nicht sagen: Selbst wenn wir alles, was wir besitzen, an arme Menschen spenden würden; selbst wenn wir bereit wären, für jemanden durchs Feuer zu gehen, würden wir nicht in den Himmel kommen. Viele denken so. Aber das ist zu kurz gedacht. Entscheidend ist die Motivation. Spende ich mein Geld, um damit mein Gewissen zu beruhigen? Oder tue ich Gutes, um mir damit irgendeinen Vorteil zu verschaffen? Gott weiß, aus welcher Motivation heraus wir etwas tun oder auch nicht. Ihm können wir nichts vormachen.

Es bleibt noch eins zu klären: Woher sollen wir diese Liebe nehmen - eine Liebe, die alles erduldet und allem standhält. Das scheint unmöglich zu sein. Trotzdem fordert Paulus: *„Strebt nach dieser Agape!“* (1. Kor. 14,1). Wie macht man das? Ich denke, wir müssen uns zunächst einmal bewusst machen, dass unsere Liebe immer auch egozentrische Anteile besitzt. Es ist das Gebet, das mich befähigt, nicht den eigenen Vorteil zu suchen, nicht nachtragend zu sein, nicht zornig zu werden. Gott befähigt mich dazu – durch seinen Geist. Darum steht das Gebet ganz oben auf meiner Prioritätenliste. Gottes Geist befähigt mich, geistesgegenwärtig zu lieben – und darum bin ich im besten Sinne liebenswürdig.

WERTE**LOS**

Werte, an die man sich nicht hält, sind wertlos. Wenn allgemein von einem „Werteverfall“ die Rede ist, liegt das nicht daran, dass es keine allgemeingültigen Werte mehr gäbe. Es sind längst keine Notlügen mehr, die unsere Gesellschaft bestimmen. Der deutschen Wirtschaft gehen aufgrund von Schwarzarbeit Milliarden verloren. Politiker versprechen vor den Wahlen etwas, was sie nach den Wahlen nicht einhalten können. Die Boulevardpresse veröffentlicht Stories, ohne deren Wahrheitsgehalt überprüft zu haben. Hauptsache die Auflage stimmt. Und in manchen Jobs gehört es dazu, Bilanzen zu fälschen oder zumindest nicht die ganze Wahrheit zu sagen. Wer da versucht ehrlich zu bleiben, hat es nicht leicht. Der Ehrliche scheint wirklich der Dumme zu sein. Nun könnte man sicherlich den viel zitierten „Werteverfall“ beklagen. Was fehlt, sind nicht Werte an sich. Es fehlt die Wertschätzung der Werte, die allgemein als unverzichtbar gelten: Ehrlichkeit, Gerechtigkeit, Freiheit, Treue, Nächstenliebe. Das sind christliche Werte, die wahrscheinlich jeder für unverzichtbar hält. Aber leider hält sich längst nicht jeder daran.

Wer nimmt eigentlich prägenden Einfluss auf unser Leben? Ob nun pädagogisch wertvoll oder nicht, während der Kindheit sind es die Regeln und Normen der Eltern. Mutter und Vater haben Vorbildcharakter. Später, wenn Kinder in das Alter kommen, wo sie sich ganz bewusst von den Eltern ablösen, sind es Freunde, auf die man hört. Man orientiert sich an dem, was alle machen. Hinzu kommt die Macht der Medien. Dann geht es nicht darum ein Handy zu haben, sondern es muss das neueste und beste Handy sein. Materielle Werte spielen eine ganz bedeutsame Rolle. Auch bezogen auf andere Lebensbereiche, erfährt man im Internet oder aus einer bestimmten Zeitschrift, was man zu tun und zu lassen hat. Bei dieser Vielfalt von Meinungen fällt es schwer, eindeutige Wertmaßstäbe zu vermitteln. Denn erlaubt ist, was Spaß macht. Erlaubt ist, was alle machen. Letztlich ist eigentlich alles erlaubt.

"Alles ist erlaubt. Aber nicht alles dient zum Guten für andere!", schreibt Paulus in seinem Brief an die Gemeinde in Korinth (1. Kor 10,23). Man sollte meine, dass Christen genau wissen, wo der Spaß aufhört. Nun muss es in Korinth Christen gegeben haben, die getreu dem Motto „Alles ist erlaubt" ziemlich über die Stränge geschlagen sind. Sie besorgten sich das günstigere Götzenopferfleisch, um richtig Party zu machen. Das muss einigermaßen ausgeartet sein. Man besuchte auch gerne mal den Tempel der Liebesgöttin Aphrodite. In diesem Tempel konnte man sich mit Tempeldirnen vergnügen. Das wurde gar nicht mal als Prostitution angesehen, sondern als Tempelkult allgemein akzeptiert. Offenbar hatten selbst Mitglieder der recht charismatischen Gemeinde in Korinth keine moralischen Bedenken, den Tempel der Aphrodite aufzusuchen. Sie konnten das irgendwie mit ihrem Glauben vereinbaren. Sie waren der Überzeugung, dass der Glaube allein für die Seele des Menschen von Bedeutung wäre. Man trennte zwischen Körper und Seele. Von daher befriedigte man körperliche Triebe, ohne ein schlechtes Gewissen dabei zu haben. Paulus musste darauf reagieren. Er tat das aber nicht mit einem Moralkodex. Sondern er appellierte an die bessere Einsicht, dass man nicht zwischen Körper und Seele trennen könne. Heute wissen wir, wie undurchschaubar psychosomatische Zusammenhänge sind. Paulus hat das damals schon gesehen und darum zu bedenken gegeben*: "Alles ist erlaubt, aber nicht alles dient dir wirklich zum Guten. Und du darfst bei dem, was du tust, nicht in Abhängigkeiten geraten!"* (1. Kor 6, 12).

Wenn man die beiden Verse 1. Kor 10,23 und 6,12 zusammennimmt, kann man davon folgende Fragestellungen ableiten:

1. **Dient meine Entscheidung zum Guten für mich selbst?**
2. **Dient meine Entscheidung dazu, nicht in Abhängigkeiten zu geraten?**
3. **Dient meine Entscheidung zum Guten für andere?**

Wenn ich diese drei Fragen in der Verantwortung vor Gott, meinem Nächsten und mir selbst bejahen kann, weiß ich, was ich zu tun habe und auch, was ich zu lassen habe! Diese drei Fragen sind nicht gesetzlich zu verstehen. Vielmehr lassen sie jedem die Freiheit, eigene Antworten zu finden. Allerdings sind durch diese Fragen auch Grenzen markiert. Diese Grenzen können individuell verschieden sein. Doch da sind Grenzen, die wir uns als Christen in der Verantwortung vor uns selbst und vor anderen durch Gottes Geist aufzeigen lassen müssen. So kann es sein, dass ich zu der Erkenntnis gelange, dass das, was ich mir erlaubt habe, nicht gut und auch nicht richtig war. Was gut gemeint ist, muss nicht unbedingt gut sein. Darum frage ich im Gebet, was erlaubt ist bzw. was gut für mich und meine Mitmenschen ist. Es kann auch sein, dass ich Gott darum bitten muss, mich davor zu bewahren, in Abhängigkeiten zu geraten. Manchmal wäre es besser, Verzicht zu üben. Ich wünsche mir die innere Freiheit, mich eben nicht über Werte hinwegzusetzen, die Gott wohlgefällig sind. Ich möchte keine anderen Götter haben neben meinem Gott, der es ja nur gut meint mit mir. Darum werde ich in kritischen Fragen nach Gottes Willen fragen und hoffentlich das tun, was mir und anderen zum Besten dient.

Alles ist erlaubt, aber...

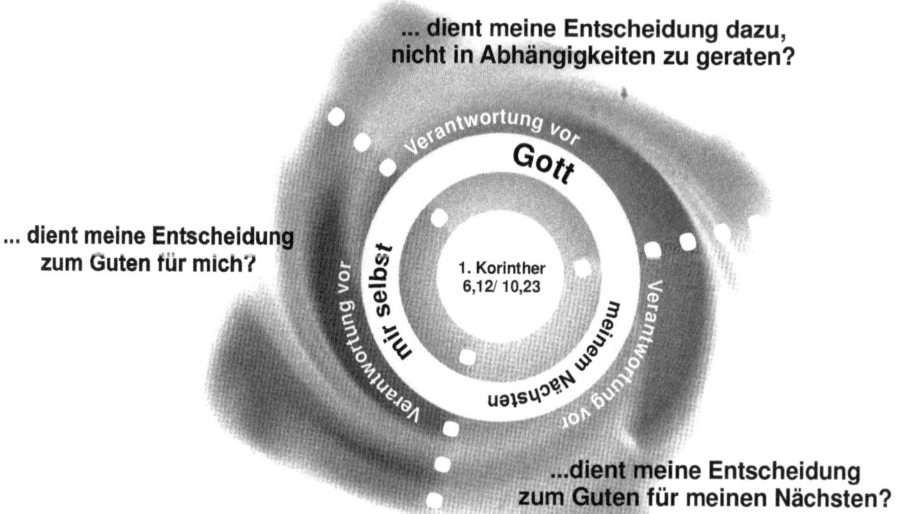

HILFE**SUCHEND**

„Bittet, so wird euch gegeben! Sucht, so werdet ihr finden! Klopft an, so wird euch geöffnet werden! Denn wer da bittet, der empfängt; und jeder Suchende findet; und jedem, der anklopft, wird geöffnet“ (Mt 7,7). Das hört sich vielversprechend an – oder besser gesagt verheißungsvoll. Weil sich´s aber so anhört, als wäre es zu schön, um wahr zu sein, fragt Jesus rhetorisch: *„Ist jemand unter euch, der seinem Sohn einen Stein gibt, wenn er um Brot bittet? Oder würde jemand seinem Sohn eine Schlange geben, wenn der um einen Fisch bittet?“* Normalerweise würde das niemand tun. Davon geht Jesus ganz selbstverständlich aus, und er zieht daraus die logische Schlussfolgerung: *„Wenn schon ihr, die ihr böse seid, euren Kindern gebt, was gut ist, um wie viel mehr wird euer Vater im Himmel denen Gutes geben, die ihn bitten“*. Soweit – so gut.

Was Jesus hier in seiner Bergpredigt verheißt, darf nicht falsch verstanden werden. Sicherlich dürfen wir um alles bitten, doch Gott wird nicht alle unsere Wünsche erfüllen. Was aber sollen wir konkret von unserem Vater im Himmel erbitten? Ich denke, unser Bitten, Suchen und Anklopfen kann in verschiedene Richtungen gehen. Zunächst einmal möchte ich bei mir selber bleiben, und bitten: *„Herr, hilf mir, mich selbst besser wahrzunehmen.“* Ich möchte authentisch beten! Aber ich will mich auch nicht nur um mich selbst drehen. In meinem Gebet richte ich meine Gedanken auf Menschen aus, mit denen ich zu tun habe. Dann bitte ich: *„Herr, hilf mir, meinen Nächsten besser zu verstehen.“* Ich möchte wertschätzend beten! Und darüber hinaus möchte ich christusorientiert beten: *„Herr, hilf mir, dein Vaterherz besser zu erkennen.“* Auf diese drei Bitten möchte ich näher eingehen:

1. Herr, hilf mir, authentisch zu beten

Authentisch beten heißt, meine ureigensten Wünsche vor Gott auszusprechen - in dem Wissen, ich darf vor Gott sein, wie ich bin. Auf diese Weise lerne ich, mich selbst besser wahrzunehmen. Das tue ich aber nicht, um mich danach irgendwie besser zu fühlen. Vielmehr suche ich nach Wegen und Antworten, wie ich mich verändern kann. Im Bild gesprochen: Ich möchte den Splitter in meinem Auge wahrnehmen und darum bitten, dass Gott diesen Splitter entfernt. Ist Ihnen etwas aufgefallen? Ich spreche von einem Splitter in meinem Auge – dabei befindet sich der Splitter ja im Auge meines Bruders. So jedenfalls sagt es Jesus. Das heißt, in meinem Auge befindet sich nicht ein Splitter, sondern ein Balken. Das will ich irgendwie gar nicht wahrhaben. Eigentlich will ich diesen Splitter, der vielleicht sogar ein Balken ist, überhaupt nicht sehen. Doch genau das geschieht im Gebet: Dann verändert sich meine Selbstwahrnehmung. Der Heilige Geist spiegelt mir, wer ich bin und wo ich meine blinden Flecken habe. *„Zieh zuerst den Balken aus deinem Auge"*, sagt Jesus (Mt 7,5). Das aber setzt voraus, dass ich vor meinem inneren Auge reflektiere, wie ich auf andere wirke und wo ich etwas ändern muss. Wenn wir in diesem Sinne um eine heilsame Selbsterkenntnis bitten, werden wir empfangen. Obwohl ich niemand einen Stein geben würde, wenn mich jemand um Brot bittet. Doch manchmal ist gut gemeint das Gegenteil von gut. Von daher wäre es gut, wenn wir demütig bleiben und uns nicht damit zufriedengeben, wenn wir etwas Gutes getan haben. Damit wirklich alles gut wird, muss uns der Heilige Geist immer wieder einen Spiegel vorhalten. Nur so werden wir sehen, wie Gott uns sieht. So beschämend das sein mag, nur so kann ich geistlich wachsen und innerlich heil werden. Es hilft nichts, gegen irgendwelche Symptome anzubeten, wenn die Ursachen tiefer liegen. Darum ist es so wichtig, dass Gott mir zeigt, welche Balken mich blockieren und ja auch verhindern, dass ich empfange, was ich erbitte.

2. Herr, hilf mir, wertschätzend zu beten

Zunächst einmal ist klar, dass ich für meine Kinder, meine Frau, meine Familie, meine Eltern und meine Freunde bete. Ich möchte, dass es ihnen gut geht. Da sind Menschen, die mir wertvoll sind. Darum bete ich für sie. Ich bete für meine Kinder, dass sie ein gesundes Selbstbewusstsein entwickeln. Und ich bete, dass sie die Vaterliebe Gottes empfangen. Auch in unserer Kirchengemeinde beten wir füreinander. Ganz selbstverständlich beten wir für Menschen, die wir schätzen. Wertschätzend beten, heißt aber auch für diejenigen Gutes zu erbitten, mit denen wir nicht so gut können. Ich möchte noch einmal kurz bei der Sache mit dem Splitter und dem Balken bleiben. Jesus will mit diesem Bild veranschaulichen, dass es leicht passieren kann, andere zu verurteilen. Dabei sind Splitter und Balken aus demselben Holz. Meist ist es so, dass ich den Splitter im Auge des anderen nur sehe, weil meine Probleme aus demselben Holz geschnitzt sind. In der Psychologie spricht man von Projektion. Dann projiziere ich mein Misstrauen, meinen Ärger, meine Ablehnung auf andere. Wenn es aber gelingt, mir das bewusst zu machen und den Balken aus meinem Auge zu ziehen, dann werde ich im selben Moment meine Mitmenschen mit anderen Augen sehen.

Wem würden Sie am liebsten den Splitter aus dem Auge entfernen? Können Sie für diejenigen beten, die Sie verletzt haben? Auch in Bezug auf diese Frage erscheint mir der Kontext hilfreich zu sein. Da erwähnt Jesus unmittelbar nach diesem verheißungsvollen Abschnitt über das Gebet die so genannte „Goldene Regel" - die besagt: *„So wie ihr von anderen Menschen behandelt werden möchtet, so behandelt auch sie"* (V.12). Wenn Sie sich wünschen, dass Beziehungen heilen, dann beten Sie wertschätzend für diejenigen, die sie nicht so behandeln, wie Sie sich das wünschen würden. Das fällt schwer – aber darauf liegt die Verheißung: Wer bittet, der wird empfangen. Wenn wir bei Gott anklopfen, werden uns ganz neue Möglichkeiten aufgetan. Dann werden wir offener aufeinander zugehen. Dann werden wir bei denen anklopfen, die damit überhaupt nicht rechnen. Dann werden sich Türen öffnen. Vorbehalte werden ausgeräumt. So jedenfalls stellt Jesus sich das vor. Allerdings weiß auch er, dass es Leute gibt, die keine Versöhnung zulassen. Auch das gehört zum Kontext. Da sagt Jesus recht drastisch: *„Gebt das Heilige nicht den Hunden und werft eure Perlen nicht vor die Säue, damit sie nicht zertreten werden"* (V.6). Man muss sich gut überlegen, was man von dem weitergeben möchte, was einem selbst heilig ist. Wir dürfen nicht unbedingt erwarten, dass das jeder gut findet, wenn wir für ihn beten. Dann können wir trotz alledem in unserem „Kämmerlein" weiterbeten.

3. Herr, hilf mir, christusorientiert zu beten

Ich frage mich, ob die Leute, die Jesus damals zuhörten, dieses *„Bittet, Suchet, Klopfet-an"* richtig verstanden haben. Die Leute glaubten ja an Gott. Doch sie hatten keine persönliche Nähe zu diesem allerheiligsten Gott. Das war auch gar nicht möglich. Denn in ihrer Vorstellung war Gott so heilig, dass nur der Hohepriester einmal im Jahr ins Allerheiligste vordringen durfte, um dort in die unmittelbare Gegenwart Gottes zu treten. Es muss die Leute irritiert haben, wenn Jesus so lapidar davon sprach, dass jeder zu jederzeit bei Gott anklopfen könne. In den Köpfen war noch dieser Vorhang, wie er im Tempel hing; dieser Vorhang, der die Leute gedanklich und auch gefühlsmäßig von Gott trennte. Christusorientiert beten heißt, direkt und unmittelbar mit Gott zu reden. Denn der Vorhang im Tempel ist ja in dem Moment zerrissen, als Jesus Christus am Kreuz starb. Dennoch sind in vielen Köpfen Blockaden, die es verhindern, eine persönliche Beziehung zu unserem Vater im Himmel aufzubauen. Manchmal denke ich, ich müsste immer noch mehr bitten, suchen und anklopfen. Ich denke, ich müsste mir das, was ich empfangen möchte, erarbeiten. Dann versuche ich mein Gewissen zu beruhigen, indem ich erst einmal meine täglichen Bitten abarbeite. Manchmal komme ich gar nicht mehr dazu, den eigentlichen Wünschen tief in mir nachzuspüren. Dafür brauche ich nämlich die Stille. Ich muss innerlich erst einmal zur Ruhe komme. Dann erst werden meine Bitten leiser. Irgendwann erbitte ich nur noch eins: Füll mich neu mit deinem Geist – dem Geist deiner bedingungslosen Liebe. Verändere mich in der Tiefe meines Wesens. Tiefer als alle meine Gedanken, tiefer als alle meine Gefühle und tiefer als mein Wille, soll dein Geist mein Denken, Fühlen und Wollen bestimmen! Wer so bittet, wird empfangen – mehr und anders, als man sich´s vorstellen kann.

FAMILIEN**FREUNDLICH**

„Was die Familie stärkt, stärkt auch die Gesellschaft“. Dieser These schließe ich mich an. In der Familie üben wir die Verhaltensmuster ein, die für ein gelingendes Miteinander in der Gesellschaft unerlässlich sind: Vertrauen, Hilfsbereitschaft, Konfliktmanagement, Gehorsam, Höflichkeit. Auf gar keinen Fall möchte ich als Moralapostel auftreten, der die bestehenden Verhältnisse beklagt. Nach dem Motto: *„Früher war alles besser!“* Ich denke, man muss akzeptieren, dass sich das traditionelle Bild von Familie gesellschaftlich gewandelt hat. Es gibt heute eine Vielzahl von alternativen Lebensformen, die Anzahl von Single-Haushalten nimmt stetig zu, genauso wie Einelternfamilien, Regenbogenfamilien oder Patchwork-Familien. Von dieser Wirklichkeit ausgehend, möchte ich nach biblischen Kriterien fragen, Familien stärken und damit auch die Gesellschaft, in der wir leben.

Dazu eignet sich die Familie, in der Jesus groß geworden ist. Jesus hatte vier Brüder – die hießen Jakobus, Josef, Simon und Judas (Mt 13,55). Dazu kommen noch einige Schwestern, deren Namen aber nicht im Neuen Testament aufgeführt sind. Wie gut ist es doch, dass in unserer Gesellschaft Mädchen nicht weniger wertgeachtet sind als Jungs. Jesus wuchs also in einer Großfamilie auf. Obwohl es keine Krippenplätze oder kein Kindergeld gab. Solche Anreize brauchte man nicht. Die schöpferische Aufforderung *„seid fruchtbar und mehret euch“* war Anreiz genug. Denn die eigenen Kinder garantierten Zukunft. Eine große Anzahl an Kindern wurde als besonderer Segen Gottes angesehen, eben weil sie auch als Lebensversicherung bzw. als Altersvorsorge dienten. Heute heißt es: Kind oder Karriere! Damit sich Kinderwunsch und Karrierestreben nicht gegenseitig ausschließen, soll es zukünftig ein breiteres Angebot an Krippenplätzen geben. Dennoch werden Kinder oftmals als Kostenfaktor gesehen. Ich bin Gott zutiefst dankbar, dass meine Frau drei wunderbare Kinder zur Welt gebracht hat. Wobei die Familienplanung eigentlich nur zwei Kinder vorgesehen hatte. Zu unserer großen Überraschung deuteten Ultraschallfotos auf die Geburt von Zwillingen hin.

Ich denke, es gibt keine bessere Investition in die Zukunft. Jedes Kind ist ein Geschenk Gottes. Ich fühle mich überreich beschenkt – auch wenn Kinder Geld kosten.

Nun hat man es mit Kindern ja nicht immer leicht. Es muss für Maria und Josef ein Schock gewesen sein, als ihr Sohn plötzlich verschwunden war. Da war Jesus 12 Jahre alt. Seine Eltern suchten verzweifelt nach ihm. Drei Tage dauerte es, bevor sie ihn endlich im Tempel entdeckten (Lk 2,41-52). Dort im Tempel fühlte sich der 12-jährige Junge offensichtlich wohl, und sein theologisches Wissen verwunderte alle, die ihm zuhörten. Sicher hatte Jesus eine einzigartige Beziehung zu Gott. Davon abgesehen wird in dieser Kindheitsgeschichte erkennbar, dass der jüdischen Tradition entsprechend, der Vater seinen Kindern aus der Thora vorlas und sie von klein auf im Glauben unterrichtete. Ich plädiere dafür, so früh wie möglich damit zu beginnen, mit Kindern zu singen, zu beten, aus der Kinderbibel oder aus einem pädagogisch wertvollen Andachtsbuch vorzulesen! Meines Erachtens kommt hier Vätern und Müttern eine besondere Verantwortung zu, die man niemand übertragen kann – nicht dem Kindergarten, nicht der Schule und auch nicht der Kirche. *„Es macht keinen Sinn Kinder zu erziehen – sie machen ohnehin alles nach".* Diesen Spruch hat unser achtjähriger Sohn auf einer Postkarte entdeckt und seither weiß er ihn auch anzuwenden. Immer dann, wenn ich meine Kinder für etwas zurechtweise, was ich selbst auch nicht besser mache. Kinder haben ein feines Gespür für Gerechtigkeit. Meine Kinder merken sofort, ob mein Glaube authentisch ist oder nicht. Und sie spiegeln mir sofort, wenn das, was ich sage, nicht mit dem übereinstimmt, was ich tue.

Später, als Jesus kein kleiner Junge mehr war, kam es einmal zu einem Konflikt zwischen ihm und seiner Mutter sowie seinen Brüdern. Da sagte er: *„Wer den Willen Gottes erfüllt, der ist für mich Bruder und Schwester und Mutter"* (Mk 3,31-35). Wie mag die Mutter Jesu, Maria, das aufgefasst haben? Ohne auf diesen Konflikt näher einzugehen, ist für mich der Gedanke wichtig, dass eine Gemeinschaft von Christen Familie Gottes abbildet. Manchmal verliert man diese geistliche Sicht aus den Augen. Im Glauben an Gott, den Vater im Himmel, sind

Christen Kinder Gottes, also Brüder und Schwestern. Wir dürfen den allmächtigen Gott *„Abba“* nennen – *„Abba“* ist aramäisch und vergleichbar mit dem kindlichen Ausruf *„Papa“*. Für viele ältere Geschwister ist die Kirche über Jahrzehnte hinweg zu einer geistlichen Heimat geworden. Über viele Generationen haben Kinder und Jugendliche eine vertrauensvolle Beziehung zu Gott, dem liebenden Vater im Himmel, entwickeln können. Wie schön, wenn Menschen zur Familie Gottes hinzukommen, wiedergeboren werden zu einer lebendigen Hoffnung, sich taufen lassen und später selbst zu Müttern und Vätern im Glauben heranreifen.

Wir können mit dem Vater im Himmel in Berührung kommen, wenn wir das Gefühl haben, dass uns Jesus vorbehaltlos annimmt – nicht weil wir so toll sind, sondern einfach so, weil wir Kinder Gottes sind. Das ist toll. In einer wunderschönen Geschichte, die uns im Markusevangelium (10,13-16) erzählt wird, ließen sich Kinder von Jesus in den Arm nehmen. Und schließlich legte Jesus ihnen die Hände auf, um sie zu segnen. So ist Gott. Er segnet kindliches Urvertrauen. Göttliche Liebe ist sicherlich vergleichbar mit elterlicher Liebe. Nur leider sind Eltern nicht vollkommen. Jeder ist ein Kind seiner Eltern. Und jeder weiß davon zu erzählen, wie das mit dem Glauben im Alltag aussah! Wenn Kinder irgendwann merken, dass sich Mama oder Papa am Sonntag in der Kirche anders verhalten als am Montag, prägt sich das ein – und später prägt es sich negativ aus. Mehr noch, die kindliche Seele ist äußerst verletzlich. Es macht mich zutiefst betroffen, wenn ältere Geschwister davon erzählen, wie sie im häuslichen Bereich gezüchtigt worden sind - körperlich oder auch verbal. Solche Erfahrungen verhindern natürlich, ein angstfreies Gottesbild zu entwickeln. Dann verinnerlicht ein Kind das alttestamentliche Tun-Ergehen-Denken. Wenn du brav bist, hat Jesus dich lieb. Seine Nähe, seinen Segen musst du dir verdienen. Die Jünger Jesu haben so gedacht. Doch Jesus denkt so ganz anders. Und darum segnet er die Kinder, die ja überhaupt nichts dafür getan hatten. Es ist ihm ernst damit, dass die Kinder ohne jede Vorleistung – bedingungslos – zu ihm kommen können. Jesus segnet Kinder und Erwachsene ebenso, und er möchte, dass wir – ganz gleich in welcher Lebensphase wir uns befinden – zum Segen werden für unsere Kinder, Enkelkinder oder auch für unsere Eltern.

Es ist schon merkwürdig. Warum fällt es eigentlich vielen so schwer, diejenigen, die einem am Nächsten sind, weil sie zur Familie gehören, zu lieben? Vielleicht weil es ein gewisses Konkurrenzdenken oder Neid gibt? Jesus hat ja keine Familie gegründet. Aber auch unter seinen Jüngern gab es einmal einen heftigen Streit um Anerkennung. Jeder wollte der Größte sein. Daraufhin nahm Jesus ein Kind und stellte es in ihre Mitte, umarmte es und sagte: *„Wer solch ein Kind in meinem Namen aufnimmt, der nimmt mich auf, und wer mich aufnimmt, der nimmt nicht nur mich auf, sondern den, der mich gesandt hat“* (Mk 9,37). Daran können wir uns ein Beispiel nehmen. Achten Sie auf diejenigen, die man gerne übersieht oder klein macht. Kümmern Sie sich um diejenigen, die geringschätzig von sich selbst denken. Vielleicht weil sie noch zu klein sind, um sich wehren zu können! Vielleicht aber auch, weil sie alt geworden sind und nicht mehr für sich selbst sorgen können! Außerdem wissen wir ja auch, dass viele Kinder auf dieser Welt verwaist sind und hungern müssen! Was halten Sie von der Idee, eine Patenschaft zu übernehmen?

Der Vater im Himmel wünscht sich nichts sehnlicher, als dass sich seine Menschenkinder von seiner Liebe berühren lassen. Darum: Lassen Sie sich umarmen. Vertrauen Sie darauf, dass Sie ein geliebtes Kind Gottes sind. Wahrlich, wer das Reich Gottes empfängt wie ein Kind, wird hineinkommen – oder ist schon mittendrin.

LEIDGEPRÜFT

Warum? Warum ausgerechnet ich? Warum jetzt? Warum hat Gott das zugelassen? Für gläubige Menschen ist die Frage nach dem „Warum“ untrennbar mit der Frage nach Gott verbunden. Man spricht von der Theodizee-Frage. Warum lässt ein barmherziger Gott so großes Leid zu? Warum trifft es oftmals diejenigen, die viel Gutes tun? Tja, der Glaube an einen gerechten und gnädigen Gott macht es nicht unbedingt einfacher, diese Frage zu beantworten. Im Gegenteil: Wir wissen manchmal nicht, wie wir Erfahrungen unseres Lebens mit unserem Glauben vereinbaren sollen. Ungläubige Menschen erwarten ohnehin keine Antworten von Gott. Gläubige Menschen dagegen erwarten Antworten. Was aber, wenn wir keine zufriedenstellenden Antworten bekommen? Darunter hat ein gewisser Hiob am meisten gelitten. Seine Schmerzen waren unerträglich. Seine Diagnose „unheilbar“. Aber Hiob litt nicht nur an seinen Schmerzen, sondern eben auch an der Ungerechtigkeit, die ihm widerfahren war. Schließlich formulierte er folgende Worte: *„Der Mensch, von der Frau geboren, lebt kurze Zeit und ist voll Unruhe. Er geht wie eine Blume auf und welkt. Er flieht wie ein Schatten und bleibt nicht bestehen. Doch über ihm hältst du deine Augen geöffnet und bringst ihn ins Gericht mit dir. Kann denn ein reiner Mensch von einem Unreinen kommen? Nein, nicht ein einziger. Wenn seine Lebenstage fest bestimmt sind und die Zahl seiner Monate bei dir feststeht, wenn du ihm sein Ziel gesetzt hast, dass er nicht überschreiten kann, so schau weg von ihm! Damit er Ruhe hat und wie ein Tagelöhner seinen Tag genießen kann“ (Hiob 14,1-6).*

Hiob wollte seine Ruhe haben - endlich zur Ruhe kommen. Am meisten beunruhigte ihn der Gedanke, dass Gott sein Leid sehen, aber nichts dagegen tun würde. Hiob deutete sein Leid als Gericht Gottes! Verzweifelt bittet er**:** *„Schau doch weg. Gott, lass mich in Ruhe“.* Tja, darf man so etwas denken oder sogar vor Gott aussprechen? Spontan würde ich wahrscheinlich wie die drei Freunde Hiobs reagieren und sagen, dass man so nicht mit Gott umgehen könne. Andererseits wäre jede Schuldzuweisung wie ein Schlag ins Gesicht. Jeder Mensch hat das Recht, sein Leid zu klagen. Wichtig ist, dass wir Gott unser Leid bringen. Solange sich Hiob mit der Bitte *„Lass mich in Ruhe!“* an Gott wendet, hat er sich nicht von Gott abgewandt. Und die Möglichkeit, vor Gott Dinge auszusprechen, die wir kaum zu denken wagen, kann äußerst befreiend wirken. Gott kann mehr verkraften, als wir meinen. Außerdem wird Gott nicht die aus der Verzweiflung heraus gesprochenen Worte beurteilen, sondern das, was die Worte eigentlich sagen wollen. Achten wir also auf das, was hinter der Klage des Hiobs steht. Da ist die Sehnsucht, dass Gott ihn nicht einfach nur in Ruhe lässt, sondern dass Gott ihn zur Ruhe kommen lässt über den Fragen, die ihn quälen.

1. Sehnsucht nach Unsterblichkeit

In der Medizin wird fleißig geforscht, um bislang unheilbare Krankheiten heilen zu können. Menschen sehnen sich nach Unsterblichkeit. Das ist eine Sehnsucht, die immer unerfüllt bleiben wird. Menschen suchen Auswege aus dem Leiden. Doch diese Sehnsucht kann auch die modernste Medizin nicht erfüllen. Denn letztendlich steht unsere Lebenszeit in Gottes Händen. Von daher verstehe ich Hiobs Botschaft an uns so, dass wir Leiden und Sterben als zum Leben dazugehörig begreifen müssen. Wir werden keine Ruhe finden, indem wir das Thema Leid und Tod tabuisieren. Denn gerade der Versuch, dieses Thema zu verdrängen, macht alles nur noch schlimmer. Hiob bittet: *„Schau doch weg.“* Er verbindet damit die Hoffnung, noch ein paar schöne Tage erleben zu können. Gott aber kann nicht wegsehen, und er wird auch nicht übersehen, was an Leid und Ungerechtigkeit in dieser Welt geschieht. Und weil er genau hingesehen hat, konnte er nicht anders, als uns über die Lebenszeit hinaus eine Hoffnung zu schenken. Das hat er in Jesus Christus getan, der nicht nur eine Leidenszeit, sondern den Tod überwunden hat. Das ist unsere christliche Hoffnung, dass wir im Glauben an die Auferstehung selbst auferstehen werden - zu einem ewigen Leben bei Gott. Ein Leben ohne die Frage nach dem „Warum“. Ein Leben ohne Schmerzen und Geschrei. Gott schaut nicht weg. In weiser Voraussicht hat er seinen Sohn gesandt, damit alle, die an ihn glauben, eine neue Sicht für ihr Leben und auch ihr Leiden bekommen.

2. Sehnsucht nach Gerechtigkeit

Hinter der Klage Hiobs wird noch eine weitere Sehnsucht erkennbar. Da ist die Sehnsucht nach Gerechtigkeit. Seine Vorstellung war die, dass Gott der Richter ist und er ihn zu seinem Leiden verurteilt hatte – und das zu Unrecht. Hiob war sich sehr wohl darüber im Klaren, dass niemand vollkommen ist. Doch sein furchtbares Leid empfand er als ungerechtfertigt und zu hart. Seine Freunde waren da anderer Meinung. Sie waren davon überzeugt, dass es einen Zusammenhang zwischen Hiobs Tun und dem daraus resultierenden Ergehen geben müsse. Das entsprach ihrem Denkschema. Hatte Hiob sein Leid verdient? War sein Leiden eine gerechte Strafe? Genau dagegen wehrte sich Hiob in aller Schwachheit. Entschlossen wehrte er sich gegen dieses so unheilvolle Tun-Ergehen-Denkschema. Nun ahnte Hiob ja nichts von der unheilvollen Vorgeschichte, die zu seiner Leidensgeschichte führte. Da wird am Beginn des Hiobsbuches folgende Erklärung für sein Schicksal gegeben: Es kommt zu einer Begegnung zwischen Satan, dem „Ankläger“ und Gott. Nun reizt es den Satan, den besonders frommen Hiob zu versuchen. Und er unterstellt Hiob, dass er nur darum so gottesfürchtig sei, weil es ihm so gut gehen würde und Gott ihn bisher so reich gesegnet hätte. Letztlich würde es doch auch Hiob nur darum gehen, einen Vorteil aus seinem Glauben zu ziehen. Nur wenn man ihm alles nehmen würde, was er von Gott empfangen hatte, würde sich herausstellen, ob er Gott treu bleiben würde oder eben nicht. Nun tun wir uns vielleicht schwer damit, zu verstehen, wie Gott sich auf diese teuflische Wette einlassen konnte. Nur soviel ist klar: Was Hiob schicksalhaft erleiden musste, war keine Strafe, sondern eine Prüfung seines Glaubens! So kann es sein, dass Gott Zeiten der Krankheit nutzt, um Glauben zu prüfen und ihn durch das Leiden hindurch zu stärken. Allerdings kann die Frage nach dem „Warum“ damit auch nicht letztgültig beantwortet werden. Ich denke an eine gute Bekannte, die seit Kindheitstagen im Rollstuhl sitzt und seither unzählige Prüfungen durchleiden musste. Jeden Tag neu ist sie leidgeprüft. Ich kann in ihrem Schicksal keine Strafe Gottes erkennen. Selbst das Wissen, das sie in einer besonders schweren Zeit zum Glauben gefunden hat, reicht nicht aus, um die Schmerzen zu rechtfertigen, die sie täglich erleiden muss.

In manchen Situationen müssen wir eingestehen, keine befriedigende Antwort auf die Theodizee-Frage zu haben. Auch im Buch Hiob finden wir diese Antwort nicht. Aber glauben heißt nicht, auf alles eine befriedigende Antworten parat zu haben! Vielmehr ist Glaube die Bereitschaft, ohne Antworten zu leben. Und gerade an diesem Punkt bricht Hiob zu der Glaubensaussage durch, die wahrscheinlich die meist zitierte aus dem ganzen Buch Hiob ist (19,25-27): *„Doch nein, ich weiß, dass Gott, mein Erlöser lebt! Er spricht das letzte Wort hier auf der Erde. Jetzt, wo die Haut in Fetzen an mir hängt und ich kein Fleisch mehr auf den Knochen habe, jetzt möchte ich ihn mit meinen Augen sehen. Ihn selber möchte ich sehen, keinen fremden. Mein Herz vergeht in mir vor lauter Sehnsucht!"* Woher entspringt dieser Glaube? Es handelt sich um reine Gnade. Hiob hatte keinen Grund zu glauben und doch äußerte er diese feste Zuversicht: *„Ich weiß, dass mein Erlöser lebt."* Als könnte er es selbst nicht glauben, wünschte er sich, dass jemand seine Glaubensaussage in einen Felsen meißelt. Nach der Übersetzung Martin Luthers heißt es: *„Ich weiß, dass mein Erlöser lebt".* Wörtlich ist aber nicht vom „Erlöser", sondern vom „Anwalt" die Rede. Das bedeutet, Hiob kann – obwohl sich seine Situation noch nicht gebessert hatte – wieder glauben, dass Gott als „Anwalt" für ihn eintritt und ihm nicht mehr als strafender „Richter" gegenübersteht. Vor dem richtenden Gott bat Hiob*: „Schau doch weg."* Nun bittet er: *„Ich will dich sehen."* Hiob will sehen, wie Gott ihm Gerechtigkeit verschafft. In der Gewissheit, dass Gott sein „Anwalt" ist, findet er zu einer inneren Ruhe, die ihn auch in seinem Leid erfüllt.

Für Christen ist Jesus Christus der „Erlöser" bzw. „Anwalt", der uns vor Gott vertritt. Wenn wir daran glauben können, dass Jesus Christus am Kreuz zu unserem „Anwalt" geworden ist, wird sich erfüllen, was Jesus selbst gesagt hat: *„Ich will euch Ruhe schaffen"* - eine Ruhe, die auch die Frage nach dem „Warum" verstummen lässt. Wir werden mit offenen Fragen leben müssen. Aber wenn wir unsere Fragen an Gott richten – wie Hiob das getan hat – werden wir die Erfahrung machen, dass man mit offenen Fragen leben kann. Ohne vorschnelle Antworten zu geben, vertraue ich darauf, dass mein Erlöser lebt. Das ist die Erfahrung, die Hiob machen konnte. Und genau diese Erfahrung kann auch zu unserer eigenen werden, wenn sie es nicht schon geworden ist.

GLÜCK**SELIG**

Jeder Mensch strebt nach Glück. Darin sind sich Philosophen, Theologen und Psychologen von der Antike bis in die Gegenwart einig. Die Frage ist nur, wie finden wir unser Glück?

Auf genau diese Frage geht Jesus gleich zu Beginn der sogenannten Bergpredigt ein. Er beschreibt – wenn man so will – einen neunfachen Weg zum Glück oder besser gesagt, zur Glückseligkeit. Der Bibeltext lautet: *„Als Jesus die Menschenmenge sah, stieg er auf einen Berg. Er setzte sich, und seine Jünger traten zu ihm. Da begann er sie zu unterweisen: „Glücklich sind, die erkennen, wie arm sie vor Gott sind, denn ihnen gehört die neue Welt Gottes. Glücklich sind die Trauernden, denn sie werden Trost finden. Glücklich sind die Friedfertigen, denn sie werden die ganze Erde besitzen. Glücklich sind, die nach Gerechtigkeit hungern und dürsten, denn sie sollen satt werden. Glücklich sind die Barmherzigen, denn sie werden Barmherzigkeit erfahren. Glücklich sind, die ein reines Herz haben, denn sie werden Gott sehen. Glücklich sind, die Frieden stiften, denn Gott wird sie seine Kinder nennen. Glücklich sind, die verfolgt werden, weil sie nach Gottes Willen leben. Denn ihnen gehört Gottes neue Welt. Glücklich könnt ihr sein, wenn ihr verachtet, verfolgt und verleumdet werdet, weil ihr mir nachfolgt. Ja, freut euch und jubelt, denn im Himmel werdet ihr dafür reich belohnt werden! Genauso haben sie die Propheten früher auch verfolgt."* (Matthäus 5,1-12)

Diese Seligpreisungen scheinen in sich widersprüchlich zu sein, unverständlich, provokant, irgendwie *merkwürdig*. Jeder *merkt* sofort, dass Jesus hier Menschen *würdigt*, die man eher bedauern als beglückwünschen möchte! Es sind jedenfalls nicht diejenigen, die einen schönen Urlaub hatten oder ansonsten wunschlos glücklich zu sein scheinen. *„Glücklich die Armen im Geist, denn ihrer ist das Reich der Himmel"* (Mt 5,3). Auf diese einleitende Seligpreisung möchte ich hier näher eingehen und aufzeigen, dass einem nichts Besseres passieren kann, als *„arm im Geist"* zu sein – so wörtlich. Wie ist das zu verstehen? Wer ist hier gemeint?

Zunächst liegt es nahe, die Aussage von Matthäus mit der von Lukas in seinem Evangelium zu vergleichen. Parallel zum Matthäusevangelium heißt es im Lukasevangelium (6,20): *„Glückselig seid ihr Armen, denn das Reich Gottes ist euer".* Hier werden also offensichtlich direkt die Menschen angesprochen, die nicht wissen, wie sie über die Runden kommen sollen. Keinesfalls sind Menschen gemeint, die vielleicht geistig behindert sind oder im Alter geistig abbauen. Was aber hat äußere Armut mit Armut im Geist zu tun? Vermutlich dachte Matthäus eher an eine innere Armut – unabhängig von den äußeren Lebensumständen. Entscheidend ist die Beobachtung, dass Jesus sich mit seiner Bergpredigt sehr stark auf das Alte Testament bezieht. Nach Jesaja 57,15 will Gott bei denen wohnen, *„die zerschlagenen und demütigen Geistes sind".* Derselben Hoffnung geben die Psalmen Ausdruck: *„Der Herr ist nahe denen, die zerbrochenen Herzens sind, und hilft denen, die ein zerschlagenes Gemüt haben"* (Ps 34,19; 51,19). Auf diesem Hintergrund wird deutlich, dass es Jesus einzig und allein darum geht, dass Menschen ihre innere Armut vor Gott erkennen und eingestehen. Glückselig, die im Tiefsten ihrer Seele wissen, dass alles, was wir wollen, wissen oder besitzen im Grunde armselig ist - gemessen an dem, was Gott für uns getan hat und womit er uns immer wieder neu beschenkt.

Eckhart von Hochheim, bekannt als Meister Eckhart (geboren um 1260) war ein bedeutender spätmittelalterlicher Theologe und Philosoph. Er gehörte dem Orden der Dominikaner an. Dieser Meister Eckhart spricht in einer Predigt über die erste Seligpreisung von einer dreifachen Armut: Demnach ist derjenige arm im Geist, der a) nichts *will*, der b) nichts *weiß* und der c) nichts *hat.*

Armut im Geist versteht Meister Eckhart als Absichtslosigkeit – gerade auch Gott gegenüber. Wie oft benutzen wir Gott, damit sich unsere Wünsche erfüllen? Wir wollen reich gesegnet und nicht arm an geistlichen Erfahrungen sein. Doch aus eigener Erfahrung weiß ich, dass es mich glücklich macht, wenn ich ohne etwas Bestimmtes bezwecken zu wollen, nichts weiter will, als Gottes Nähe zu spüren. Dann nehme ich mich mit meinen Wünschen und Bedürfnissen immer mehr zurück, um schließlich meine leeren Hände zu Gott hin auszustrecken. Dann will ich nichts mehr erreichen, weil ich glückselig bin.

GELD**GIERIG**

„Geld regiert die Welt" – und das nichterst, seitdem im 17. Jahrhundert der Kapitalismus einsetze. Ob es mir gefällt oder nicht, ich bin Teil einer kapitalistisch geprägten Gesellschaft. Ich bin kein Brooker und möchte es um alles in der Welt nicht sein. Doch was an der „Wallstreet" oder anderen Börsen dieser Welt geschieht, hat etwas mit mir zu tun bzw. mit meinem Geld. Einmal habe ich selbst erleben müssen, wie es ist, wenn Aktien ihren Wert verlieren. Da habe ich etwas von der Macht gespürt, die Geld ausüben kann.

Nun sagt Jesus, dass man nur *einem* Herrn dienen kann – entweder Gott oder dem Mammon. Wer ist dieser Mammon? Es handelt sich um eine geistige Macht. Eine Macht, die den Menschen gedanklich an Geld, Aktien und Profit bindet. Dieser Mammon kann nie genug bekommen, und er hat nur ein Ziel. Sein Ziel ist es, dass sich alles nur noch ums Geld dreht. Dann kreisen die Gedanken irgendwann nur noch um Wirtschaftswachstum und Aktienkurse. Und Gott? Kann man nicht reich sein und trotzdem Gott dienen? Das ist natürlich möglich. Nicht zuletzt mit unserem Geld können wir viel Gutes tun, indem man soziale oder gemeinnützige Projekte unterstützt. Im Grunde geht es nicht darum, wie viel Geld wir haben, sondern wem wir mit unserem Geld dienen – Gott *oder* dem Mammon. Es ist unmöglich, beiden gleichermaßen dienen zu wollen.

Nun scheint es so zu sein, als könnte sich der wahre Gott innerhalb eines kapitalistischen Systems kaum noch Aufmerksamkeit verschaffen. Für den Lohn im Himmel kann man sich ja nichts kaufen. Was kann der Glaube schon an Sicherheiten bieten? Dennoch – es muss sich etwas ändern. Die Schere zwischen arm und reich geht immer weiter auseinander. Daran wird sich aber nur etwas ändern können, wenn Menschen bereit werden umzudenken. Im 8. Jahrhundert vor Christus wollte der Prophet Amos die Menschen zum Umdenken bewegen. Dieser

Amos war von Beruf Schafzüchter und außerdem züchtete er Maulbeerfeigen. Er war wahrscheinlich ein einflussreicher Mann seiner Zeit. Er profitierte also von der wirtschaftlichen Blüte seines Landes. Doch auf der anderen Seite erkannte er die Schattenseiten des Wohlstandes. So sah er seinen prophetischen Auftrag darin, auf die zunehmende soziale Ungerechtigkeit und die damit einhergehende Gottlosigkeit im Lande hinzuweisen. Nun war Amos kein Politiker. Er verstand sich als Prophet, und Gott gab ihm eine prophetische Sicht für das, was passieren würde, wenn sich nichts ändern sollte. In einer Vision sah Amos Heuschrecken – ganze Schwärme von Heuschrecken.

Bibeltext: Amos 7, 1 – 3

„Gott, der Herr, gab mir eine Vision: Ich sah, wie er Heuschreckenschwärme erschuf. Gerade hatte man das erste Heu eingebracht, das für die königlichen Stallungen bestimmt war, und das Gras wuchs allmählich wieder nach. Da fielen die Heuschrecken über die Pflanzen im ganzen Land her. Als sie alles abgefressen hatten, rief ich: "Ach Herr, Gott, vergib doch! Wie sollen die Nachkommen Jakobs sonst überleben? Sie sind ja ein so kleines Volk!" Da hatte der Herr Erbarmen mit ihnen und sagte: "Was du dort gesehen hast, wird nicht eintreffen!"

Zunächst fällt auf, dass Gott derjenige ist, der hier Heuschrecken ausschwärmen lies. Ist Gott also verantwortlich zu machen, wenn kapitalistisches Gedankengut um sich frisst? Ist es vielleicht sogar Strafe Gottes, wenn eines Tages der Kapitalismus ausgereizt ist? Ich denke, dass wir nicht die Verantwortung auf Gott abschieben dürfen. Denn der Kapitalismus ist ja keine Naturkatastrophe. Allerdings liegt es in der Natur des Menschen, nach Macht und Reichtum zu streben. Von Natur aus ist der Mensch nun einmal egoistisch und wohl auch kapitalistisch gesinnt. Sich mit dieser Argumentation aus der Affäre zu ziehen, wäre aber viel zu einfach. Im Unterschied zu Heuschreckenschwärmen ist der Mensch dazu in der Lage, sein Handeln zu reflektieren. Wir können auch anders. Wir können umdenken. Jeder Mensch ist dazu in der Lage, nicht nur an sich selbst zu denken und den eigenen Vorteil zu suchen. Jeder könnte gerechter und barmherziger handeln. Um zu dieser Einsicht zu gelangen, brauchen wir meist einen gewissen Leidensdruck. Solange es einem gut geht, sind wir meist nicht bereit, etwas zu ändern. Vielleicht muss der Leidensdruck noch größer werden – damit sich etwas ändert. Das Problem ist nur, dass die Reichen immer noch reicher werden. Auch in der Vision des Amos ist es so, dass die Heuschrecken erst kommen, als für den königlichen Hof die Ernte eingefahren war. Das heißt, die Plage bekommen die unteren und mittleren Schichten zu spüren. Die aber sind machtlos gegenüber den Mächtigen im Lande. Hoffnungslos! An der Stelle bittet Amos: *„Ach HERR, vergib doch! Wie sollen die nachfolgenden Generationen sonst überleben?“* Amos hat ja recht. Aber wie stellt er sich das vor? Alles beginnt mit der Bitte: *„Herr, vergib doch!“* Darin sehe ich unsere Verantwortung, nicht nur mit dem Finger auf andere zu zeigen, sondern die Hände zu falten, und um Vergebung zu bitten – für sich selbst und auch für diejenigen, die einflussreich sind und manchmal schwere Entscheidungen zu treffen haben.

Diese Vision mit den Heuschrecken hat den Propheten Amos dazu bewegt, noch eindringlicher zu beten. Seine Bitte: *„Gott, vergib doch!“* hat letztlich verhindert, dass die Vision Wirklichkeit wurde. Gott hatte Erbarmen. Wörtlich heißt es, Gott *„atmete schwer“*. Der allmächtige Gott musste tief Luft holen, um sich zu erbarmen und schließlich Gnade vor Recht ergehen zu lassen. Was sich konkret verändert hat, bleibt dabei offen. Die Frage ist, wie Gott mit dem Bösen in dieser Welt fertig wird. Die Antwort auf diese Frage finden wir im Glauben an Jesus Christus. In ihm ist Gott in diese Welt gekommen, um uns von dem Mammon zu erlösen. Sein Geist befähigt uns, selbstlos zu lieben. Und wer liebt, wird dadurch nicht ärmer, sondern reicher. In diesem Sinne sollten wir kapitalistisch sein und in Liebe investieren.

UNHEILBAR

Manchmal muss man sich ja wundern - wundern darüber, was im Glauben an Jesus möglich ist. In einer Geschichte, die in den drei synoptischen Evangelien Matthäus (9,18-26), Markus (5,21-43) und Lukas (8,40 – 56) parallel überliefert worden ist, geschehen gleich zwei Wunder unmittelbar nacheinander. *Zwei* ganz unterschiedliche Schicksale sind kunstvoll verwoben zu *einer* Geschichte. Ein 12-jähriges Mädchen, das plötzlich zu sterben drohte, und eine Frau, die zwölf Jahre unter einer schrecklichen Krankheit litt, erleben ein echtes Wunder. Beide haben scheinbar nichts gemeinsam. Nur die Zahl 12 stellt eine Verbindung zwischen den beiden her. Ich möchte nichts in die Geschichte hinein interpretieren. Doch könnte es sein, dass die seit 12 Jahren an Blutfluss leidende Frau mehr mit dem 12-jährigen Mädchen zu tun hat, als man auf den Blick vermuten würde?

Jesus steigt aus seinem Boot und sofort sammelt sich eine große Menschenmenge um ihn dort am See Genezareth. Drängeln, Schubsen, Köpfe recken. So viel hat man schon von ihm gehört. Spannung: Was wird heute passieren? Was wird er heute tun? Einem Mann gelingt es, zu Jesus durchzukommen. Ein bekanntes Gesicht in der Gegend. Jairus, der angesehene Leiter der Synagogen-Gemeinde. Aber heute sieht man ihm an, dass etwas nicht in Ordnung ist. Sorge. Panik. Er wirft sich Jesus vor die Füße: "Bleib stehen, Jesus. Bitte! Meine Tochter, mein einziges Kind, ist todkrank. Sie stirbt. Nur du kannst sie noch retten. Bitte komm mit mir in mein Haus". "Ich komme", erwidert Jesus. Und sie bahnen sich einen Weg durch das Gedränge. Völlig unvermittelt kommt nun eine Alles hat sie schon versucht. Von einem Arzt zum anderen ist sie gelaufen – aber vergebens. Ihr ganzes Geld ist dabei draufgegangen. Das ist schlimm. Aber schlimmer noch: die immer neue Hoffnung - und dann die immer neue und größere Enttäuschung. Was hat sie so krank gemacht? Welche seelischen Wunden konnten in ihr nicht heilen, sodass sie unaufhörlich bluten muss? Jesus anzusprechen traut sie sich nicht. Nur dies, ein letzter möglichst unauffälliger Versuch – eine letzte Hoffnung: Jesus von hinten am Gewand ziehen. Ein sprachloser Hilferuf. Und indem sie sein Gewand berührt, spürt sie es: Stillstand. Ruhe. Die Blutung hört auf. Kraft strömt in sie ein. Sie ist geheilt. Sie richtet sich auf. Jesus – mitten im Gedränge – fühlt, dass von ihm eine Kraft ausgegangen ist. Er bleibt stehen, dreht sich um: "Was war das? Wer war das?“ Mitten im Gedränge entdeckt Jesus die Frau. Er schaut sie an. Sie muss sich zeigen. Nach vorn treten. Aus der Masse heraustreten. Und das tut sie. Traut sich, zitternd und zagend, aber sie tut´s. Sie erzählt dem fremden Mann ihre intime Frauengeschichte. Jesus sagt: "Meine Tochter, dein Vertrauen hat dir geholfen. Geh in Frieden! Du sollst von deinem Leiden geheilt sein." Sie geht. Sie ist geheilt – äußerlich und innerlich.

Die Geschichte geht noch weiter. Eigentlich ist Jesus ja auf dem Weg zum Haus des Jairus. Ungeduldig mischt sich Jairus nun ein: "Jesus, hast Du eigentlich wirklich verstanden, dass es für mich gerade jetzt um alles oder nichts geht? Hast Du mir das denn nicht abgespürt, als ich mich vor Dir in den Dreck geworfen habe, ja gefleht habe - vor all den Leuten? Siehst Du nicht, wie verzweifelt ich bin? Also los, schnell! Zu meiner Tochter!" Die Ungeduld, die Verzweiflung des Jairus ist verständlich. Er droht, sein Kind zu verlieren, sein einziges Kind, so erzählt Lukas. Noch auf dem Weg zum Haus des Jairus kommt ihnen ein Bote entgegen: "Zu spät. Das Mädchen ist tot." Tief im Innersten des Vaters stirbt in diesem Moment das letzte Fünkchen Hoffnung. Zu spät. Wie oft ist das auch unsere Erfahrung: Es gibt ein zu spät. Hier tut sich nichts mehr. Hier ist alles tot, abgestorben, hoffnungslos. Zu spät? Nicht für Jesus. Zu spät heißt nicht endgültig. Tot muss nicht tot bleiben. "Fürchte dich nicht!", sagt er zu dem Vater. "Fürchte dich nicht, glaube nur!“ Nur was soll dieser Vater in diesem Moment noch glauben? Als wenn das so einfach wär´, nur zu glauben. Während der Vater sich noch fragt, warum Jesus nicht gleich zu ihm gekommen ist, fragt Jesus, warum alle schreien, und weinen. „Das Mädchen ist nicht tot. Es schläft nur.", sagt er und er meint es ernst. Die Leute aber lachen ihn aus. Da wirft er die Klageweiber aus dem Haus, so erzählt Markus in seiner Fassung unserer Geschichte. Ziemlich brutal ist das. Aber notwendig – im wahrsten Sinn des Wortes. Um die Not zu wenden, braucht Jesus Menschen, die nicht nur klagen, sondern nur glauben. Jesus nimmt den Vater und die Mutter des Kindes und drei Jünger als Zeugen mit und geht mit ihnen in den Raum, wo das Mädchen auf ihrem Bett liegt – leblos oder nur regungslos? Jesus schaut es an, nimmt es an der Hand und sagt: "Talita kumi - Mädchen, steh auf." Und tatsächlich, das Mädchen steht auf. "Gebt ihr etwas zu essen", sagt Jesus fürsorglich. Das ist der Beweis dafür, dass das Mädchen wirklich lebt und nicht nur ihr Geist. 12 Jahre ist das Mädchen alt, erzählt der Evangelist in dieser kunstvoll verwobenen Geschichte. Da die Frau, die 12 Jahre an ihren Blutungen gelitten hat und hier das Mädchen, 12 Jahre alt, die immer ein fröhliches Kind war. Beide stehen auf und beginnen ein neues Leben.

Vordergründig spielt in dieser Erzählung sicherlich der Synagogenvorsteher Jairus eine ganz wesentliche und auch verbindende Rolle. Denn Jairus erlebt ja beide Wunder unmittelbar mit - wenn auch unfreiwillig. So lernt Jairus durch das dazwischen gekommene Wunder an der blutflüssigen Frau etwas ganz Wesentliches für sich. Im Nachhinein wird ihm klar, dass es bei Jesus kein „zu spät" gibt. Das muss Jairus lernen. *„Fürchte dich nicht, glaube nur"*, sagt Jesus zu dem verzweifelten Vater (V.36). Als wenn das so einfach wäre? Wie kann man nur glauben, dass Jesus selbst dann noch etwas tun kann, wenn alles leblos, ausweglos, sinnlos erscheint? *Nur* im Glauben an Jesus Christus, der letztendlich den Tod überwunden hat, können wir glauben, dass es nie zu spät ist für ein Wunder – nicht zuletzt das Wunder der Auferstehung. Wir sollten immer mit dem Wunder der Auferstehung rechnen – angesichts des Todes, genauso wie mitten im Leben. Die Tochter des Jairus war erst 12 Jahre alt. Das heißt, sie war nach damaliger Sitte in Israel gerade geschlechtsreif und damit im heiratsfähigen Alter. Sie hatte gewissermaßen das Leben noch vor sich. Wenn Jesus zu ihr sagt: *„Talita kumi"*, dann ist dabei nicht nur an das Auferstehen vom Tod zu denken. Dieses *„Steh auf"* soll für dieses Mädchen ein Lebensmotto werden. Steh auf! Steh zu dir! Steh dazu, dass Jesus ein Wunder an dir getan hat! Steh auf, gib nicht auf – niemals! Welche Botschaften bestimmen eigentlich mein Leben? Oft sind es Negativbotschaften: *„Das kannst du nicht", „Gib auf!", „Das schaffst du nie"*! Glaube nur, dass Jesus etwas ändern kann. Es ist nicht zu spät, selbst wenn Sie das Leben nicht mehr vor sich haben. Ich möchte für Menschen beten und auf ein Wunder hoffen, selbst wenn andere meinen, es wäre zu spät. Gebet hat Kraft – Auferstehungskraft. Denn der Auferstandene antwortet auf unser Gebet. Jesus möchte Menschen aufrichten. Ich möchte Sie ermutigen, insbesondere für Menschen zu beten, die nicht zu sich selbst stehen können - für Menschen zu beten, die niedergeschlagen und enttäuscht sind - für Menschen zu beten, die keine Kraft mehr haben, um zu glauben, zu lieben und zu hoffen. Sicherlich werden nicht immer große Wunder geschehen. Doch ich bin sicher: Jedes Gebet richtet auf! Stehen Sie auf und beten Sie für Menschen, die geistlich gesehen tot sind. Beten Sie für Menschen, die innerlich erstarrt sind.

Diese Geschichte beinhaltet mehrere Botschaften. Eine Botschaft ist die: Es ist nie zu spät für ein Wunder. Genau das hat die blutflüssige Frau erlebt. Eigentlich galt ihre Krankheit als unheilbar. Sie war austherapiert. Sie hatte alles versucht. Sie hatte ihr ganzes Geld für Therapien und Medikamente ausgegeben. Sie muss vermögend gewesen sein, aber das half auch nichts. Zwölf Jahre durfte sie niemand berühren – auch nicht die Menschen, die sie lieb hatte. Sie konnte keine Kinder bekommen. Sie durfte keinen Gottesdienst besuchen. Sie galt als unrein – umso erstaunlicher, dass sie bei der großen Menschenmenge bis zu Jesus vordringen konnte. Das war schon ein Wunder. Sie glaubte, dass sie nur das Gewand Jesu berühren müsste, um geheilt zu werden. Was für ein Glaube – nach all den verzweifelten Versuchen, gesund zu werden. Die Botschaft hier ist: Es genügt, nur den Saum des Gewandes zu berühren. Glaube nur - das genügt, um mit Jesus in Berührung zu kommen. Statt von einem Arzt zum anderen zu laufen, sollten wir trotz innerer oder auch äußerer Widerstände versuchen, möglichst nah an Jesus heranzukommen – so nah, sodass wir mit ihm in Berührung kommen. Das kann ohne Worte geschehen – in der Stille vor Gott! Vielleicht braucht es aber auch ein Gebet um Heilung! Das kostet zumindest kein Geld. Ich denke, auch wir könnten uns vieles sparen, wenn wir gleich zu Jesus kommen würden. Doch um Heilung zu bitten, kostet Überwindung. Wer möchte schon intime und auch beschämende Dinge offenlegen? So wird in der Geschichte beschrieben, dass diese Frau eigentlich auch gerne unerkannt geblieben wäre. Doch Jesus besteht darauf, dass sie sich outet. Wie beschämend muss das für sie gewesen sein? Auch das ist eine wichtige Botschaft: Heilung kann nicht anonym bleiben. Heilung wird nur geschehen, wenn wir bereit sind, auch die schambesetzten Themen in unserem Leben zu bekennen.

Ich bin davon überzeugt, dass Jesus auch heute noch Wunder tun kann und tun möchte. Das setzt voraus, dass wir nicht nur glauben, sondern auch was tun. Oft glauben wir, gegen gewisse Symptome anbeten zu müssen. Doch könnte es sein, dass die Symptome auf gewisse Ursachen hindeuten? Ich denke, wir tun gut daran, nach Ursachen zu forschen, soweit das möglich ist. Nun kann das chronische Leiden der Frau hormonell bedingt gewesen sein. Es könnte aber auch sein, dass es da psychosomatische Zusammenhänge gab. An diese Stelle komme ich auf die Zahl 12 zurück. Nur mal angenommen, diese Frau hat während ihrer Kindheit zu wenig Liebe erfahren – vor allem von ihrem Vater. Denkbar, dass sie im Alter von 12 Jahren verheiratet worden ist. Vielleicht musste sie einen Mann heiraten, den sie nicht liebte, den sie auch nicht lieben konnte, weil sie selbst zu wenig Liebe erfahren hatte. Aber sie tat es ihrem Vater zuliebe. Vielleicht versuchte sie, ihrem Vater ihr ganzes Leben lang zu gefallen. So weit hergeholt ist das nicht: Eine Frau, die sich zutiefst danach sehnte, endlich vom Vater gesehen zu werden. Demnach *verausgabte* sie sich im wahrsten Sinne des Wortes. Blut lief unaufhörlich aus ihr heraus. Blut steht für das Leben und auch für die Liebe. Sie gab alles, nur um ein wenig Bestätigung, Wertschätzung und Gegenliebe zu bekommen. Doch diese Sehnsucht blieb ungestillt. Ärzte konnten da nicht helfen. Erst in dem Moment, als Jesus zu ihr sagte: *„Meine Tochter“,* wurde diese Sehnsucht für immer gestillt. Die Botschaft, die bei dieser Frau ankam, war die: Da ist ein Vater im Himmel, dem ich nichts beweisen muss. Es ist schon auffällig, dass Jesus diese für ihn fremde und erwachsene Frau mit *„Meine Tochter“* anredete. Damit wird ein Zusammenhang mit der 12-jährigen Tochter des Jairus hergestellt. Denkbar, dass auch dieses Kind unter dem allzu großen Über-Ich ihres Vaters, dem Synagogenvorsteher, zu leiden hatte. Sie war das einzige Kind, so wird es überliefert. Vielleicht war sie überbehütet. Vielleicht wurde ihre Entwicklung so stark kontrolliert, dass sie nicht zu sich selbst stehen konnte. Vielleicht hat Jairus seine Tochter so sehr geliebt, dass er gar nicht gemerkt hat, wie sehr er Macht über sie ausübte. So spekulativ das sein mag, die Botschaft *„Steh auf“* bekommt auf diesem Hintergrund einen anderen Akzent. Zweifellos spielt die Beziehung zwischen Vater und Tochter sowie die Beziehung zwischen Mutter und Sohn eine überaus bedeutsame Rolle für die spätere Entwicklung. Diese Zusammenhänge zu entdecken, kann auch beschämend oder sogar schmerzhaft sein. Doch es hilft eben nicht gegen Symptome anzubeten, wenn die Ursachen tiefer liegen! Erst wenn wir uns mit der eigenen Biografie versöhnen, können wir heil werden. Gott ist unser himmlischer Vater. Seine Vaterliebe stillt jede Sehnsucht und zugleich ermutigt sie uns, aufzustehen, zu leben und zu lieben.

Mag sein, dass manch einem diese psychologische Herangehensweise an diese neutestamentliche Wundergeschichte fragwürdig erscheint. Man könnte die Geschichte auch rein theologisch bzw. heilsgeschichtlich deuten. Demzufolge würden diese beiden Wunder an der blutflüssigen Frau und der Tochter des Jairus nur darauf hindeuten, dass sich mit dem Kommen Jesu alttestamentliche Prophetie erfüllt. Denn der Prophet Jeremia (31,4.13.21) hatte das Aufstehen und Gehen der gefallenen Jungfrau Israel angekündigt. Sowohl die blutflüssige Frau als auch das 12-jährige Mädchen könnten die *„Jungfrau Israel"* verkörpern, also das auserwählte Volk Gottes, das den Messias erwartet. Die Menschen damals sollten aufgrund der beiden so außergewöhnlichen Wunder an zwei Frauen, die ja Jungfrauen waren, erkennen, dass Jesus gekommen ist, um sein Volk aufzurichten und damit die Prophetie des Jeremia zu erfüllen.

Wie schon erwähnt, die eine Geschichte mit den zwei Wundern beinhaltet verschiedene Botschaften. Welche der Botschaften berührt Sie am stärksten: Es ist nie zu spät für ein Wunder. Glaube nur. Steh auf. Überwinde die inneren und äußeren Widerstände. Berühre den Saum des Gewandes. Spüre die Kraft der Auferstehung. Versöhne dich mit deiner Biografie. Finde deine Identität in Gott, dem liebenden Vater. Werde heil an Geist, Seele und Leib. Lebe dein Leben im Glauben an Jesus Christus, den Messias. Vielleicht berührt Sie eine Botschaft ganz besonders – vielleicht sind es aber auch mehrere.

Großer Gott,
du hast die Macht
über diese Welt und
auch über mein Leben.

Du kennst meine Ängste.
Steh mir bei.
Gib mir Mut.
Mach mich stark.
Hilf mir,
wenn die Sorgen
zu groß werden.

Ich will darauf vertrauen,
dass du, Jesus Christus,
den Tod überwunden hast.
Ich glaube ganz fest,
dass meine Angst
an Macht verliert,
weil du mächtiger bist.
Du kämpfst und siegst mit mir.
Amen

BÖS**ARTIG**

Die Macht des Bösen ist kein Hirngespinst! Das Böse ist real. Die Frage ist: Wie viel Macht geben wir dem Bösen? Seit Menschengedenken kennt der Mensch diesen inneren Kampf zwischen gut und böse. Adam und Eva waren die Ersten, die im Garten Eden wider besseres Wissen auf die Schlange hörten. Ein fataler Fehler mit weitreichenden Folgen. Sicherlich kann man versuchen, das Böse in jeder Gestalt zu entmythologisieren. Vieles lässt sich mit gesundem Menschenverstand erklären. Wenn in nur einer Woche die Waschmaschine, das Auto und der Toaster kaputt gehen, muss das nicht unbedingt ein Werk des Teufels sein. Das Problem besteht darin, die Geister zu unterscheiden. Was man zunächst für Hokuspokus hält, kann später zu einem gefährlichen Zauber werden. Auch Adam und Eva sagten sich, dass es ja nicht so schlimm sein kann, eine Frucht vom Baum der Erkenntnis zu essen. Was macht das schon? Das merkt doch keiner! Erst im Nachhinein wird ihnen bewusst, dass sie es besser nicht getan hätten. Das ist die Strategie des Teufels. Er bringt einen in Versuchung, indem er einen neugierig macht und dabei den Eindruck vermittelt, dass alles ganz harmlos sei. Die Konsequenzen aber sind okkult. Das Wort „okkult" kommt aus dem Lateinischen und bedeutet so viel wie „verborgen". Tatsächlich bleibt einem zunächst verborgen, in welchen Machtbereich man sich begibt, wenn man spaßeshalber einfach mal okkulte Praktiken ausprobiert. Selbst, wenn man Pendeln, Gläserrücken, Kartenlegen oder andere Dinge meidet, so weiß der Widersacher Gottes, wie er uns in Versuchung führen kann. Martin Luther hat einmal gesagt: *„Der Satan versucht immer dort einzusteigen, wo der Zaun am niedrigsten ist."* Jeder von uns hat Schwächen und der Satan weiß am besten, wo diese Schwachstellen sind.

Natürlich hatte es der Satan auch auf Jesus abgesehen. In einer Phase, als Jesus eine sehr intensive Zeit mit Gott erlebte und er aus geistlicher Motivation vierzig Tage und Nächte fastete, kam ihm der Gedanke, er könnte den Steinen dort in der

Wüste befehlen, sich in leckeres Brot verwandeln (vgl. Mt 4,1ff). Ein verlockender Gedanke. Der Satan wusste ganz genau, dass Jesus Hunger hatte, und in dieser Situation versuchte er Jesus dazu zu bringen, sich von Gott loszusagen. Jesus stand in der Versuchung, seine Macht zu missbrauchen. An der Stelle sind wir immer angreifbar. Da ist dieser schlichte Gedanke: *„Ich brauche Gott eigentlich gar nicht. Ich komme auch ohne Gott zurecht!"* Darauf zielen Anfechtungen grundsätzlich ab. Ziel ist es, die Beziehung zu Gott zu zerstörten. Dieses Ziel verfolgt der Satan wie ein Besessener. Denn erreicht er dieses Ziel, hat er leichtes Spiel. Wenn die Bindung an Gott erst mal verloren gegangen ist, gibt es genügend andere Bindungen, die zunächst verlockend scheinen, sich später aber als zerstörerisch erweisen: Habsucht, Spielsucht, Alkoholsucht! Und der Satan wird genau dort einsteigen, wo der Zaun am niedrigsten ist!

Wie können wir aber der Macht des Bösen widerstehen? Was kann man überhaupt tun, wenn man es mit dem Bösen, dem Satan persönlich, zu tun bekommt? Wir können etwas tun! Wir können a) das tun, was in unserer Macht steht und b) können wir die Macht Gottes in Anspruch nehmen:

a) Tun, was in unserer Macht steht

Zu den Dingen, die in unserer Macht stehen, gehört es, sich von allem fernzuhalten, was einen in Versuchung führen könnte. Es hat zwar einen Reiz, sich ganz nah an einen Abgrund zu wagen, um einen Blick in die Schlucht zu werfen, aber es ist auch gefährlich! Von daher wäre es besser, gar nicht so nah an den Abgrund heranzugehen. Das kann bedeuten, dass ich mich von gewissen Menschen oder Dingen fernhalte, die einfach einen schlechten Einfluss auf mich haben. Welche Einflüsse das sind, muss jeder für sich persönlich erkennen. Wichtig ist, dass man es früh genug erkennt, bevor man sich zu etwas verleiten lässt, was man eigentlich gar nicht wollte! Vorbeugen ist immer besser als heilen. So ist es auch gemeint, wenn in der Bibel steht, dass wir eine Waffenrüstung anlegen sollen (vgl. Eph 6). Diese Waffenrüstung dient vorwiegend zum Schutz. Am Schild des Glaubens prallen die Brandpfeile des Teufels wirkungslos ab. Vorausgesetzt, man ist auf einen geistlichen Kampf vorbereitet und bereit, diese Rüstung anzulegen. Als Erstes muss ein lederner Hüftgürtel angelegt werden, der für die Wahrheit steht. Man muss schon bei der Wahrheit bleiben, dann hat die Lüge keine Chance. Wenn man aber im Kleinen zu lügen beginnt, wird die nächste Lüge schon ein bisschen größer sein, damit der Schwindel nicht auffliegt. Ein Teufelskreis! Wie aber kann man einen Teufelskreis durchbrechen? Die Wahrheit muss ans Licht kommen. In dem Moment, wo ich dunkle Machenschaften vor Gott und Menschen bekenne, wird die Macht des Bösen entmachtet. Das kann durch eine Beichte in einem seelsorgerlichen Gespräch geschehen. Das braucht Mut. Aber es ist unendlich befreiend und belebend, mit seinen Schattenseiten zu Jesus Christus zu kommen und von ihm Vergebung zu empfangen. Dann kann ich mit gutem Gewissen den Brustpanzer der Gerechtigkeit anlegen, den Helm der Heilsgewissheit aufsetzen und mich damit gut fühlen!

b) Gottes Macht in Anspruch nehmen

Wir müssen also tun, was in unserer Macht steht. Wenn wir unsere Schwächen kennen – die Stellen also, wo der Zaun am niedrigsten ist – haben wir immer auch die Macht, „Nein" zu sagen. Trotzdem fühlt man sich manchmal ohnmächtig– im wahrsten Sinne des Wortes: ohne Macht! Menschlich gesehen mögen wir manchmal machtlos sein. Aber wir können jederzeit die Macht Gottes in Anspruch nehmen. So formuliert Paulus: *„Werdet stark durch den Glauben an Christus und im Vertrauen auf seine Macht"* (Eph 6,10). Jesus Christus hat seine Macht erwiesen, indem er den Tod überwunden hat und auferstanden ist. Deshalb ist auch das Kreuz das Zeichen, mit dem man das Böse in den Bann schlagen kann. Denn das Kreuz ist das Siegeszeichen über Tod und Teufel. Meist gehört es zur Strategie des Teufels, einem Menschen Angst einzujagen. Der Teufel kennt unsere Ängste, und er weiß, dass jeder Mensch den Verlust des Lebens fürchtet. Nur das Kreuz kann einem diese Grundform menschlicher Angst nehmen. Denn am Kreuz hat Jesus den Tod überwunden und damit alles, womit uns der Teufel Angst machen kann. Wenn wir also mit Ängsten zu kämpfen haben, dann können wir dem Satan im Namen Jesu gebieten: *„Geh weg".* Denn Jesus ist auferstanden, und im Glauben an den lebendigen Herrn haben wir die Vollmacht, dem Bösen Einhalt zu gebieten. Das mag fremd sein. Doch ich möchte dazu ermutigen, dem Bösen entschlossen und im Namen Jesu gebietend entgegen zu treten. Das kann ein geistlicher Kampf sein. Aber ich weiß, dass Christus dem Tod die Macht genommen hat und ich darum vollmächtig gegen das Böse angehen kann.

Wenn wir nun – warum auch immer – mit Anfechtungen zu kämpfen haben, dürfen wir fest damit rechnen, dass *„das, was unserem Glauben bisher an Prüfungen zugemutet wurde, nicht unsere Kraft übersteigen wird. Gott steht uns bei. Er lässt nicht zu, dass die Versuchungen über unsere Kräfte hinausgehen. Wenn unser Glaube auf die Probe gestellt wird, schafft Gott auch die Möglichkeit, sie zu bestehen“ (1. Kor 10,13).* Man darf die Macht des Bösen sicherlich nicht unterschätzen. Doch im Glauben an Jesus Christus haben wir die Macht, das Böse mit Gutem zu überwinden (vgl. Rö 12,21). Gott sei Dank ist das möglich. *„Gott sei Dank, der uns den Sieg gibt durch unseren Herrn Jesus Christus“ (1. Kor 15,57).*

ERFOLG**REICH**

Überraschend viele Passanten in der Fußgängerzone brachten Erfolg mit Zufriedenheit in Verbindung. Das wirft die Frage auf: Wie erfolgreich muss man sein, um zufrieden sein zu können? Wir leben in einer Gesellschaft, wo einem ständig das Gefühl vermittelt wird, dass man mit dem, was man erreicht hat, nicht zufrieden sein kann. Erfolg ist relativ. Man könnte immer noch erfolgreicher sein. Jesus hat einmal gesagt: *„Was nützt es dem Menschen, wenn er die ganze Welt gewinnt, dabei aber sich selbst verliert oder Schaden an seiner Seele nimmt?" (Mt 16,26).*

Nicht nur die Anforderungen am Arbeitsplatz nehmen stetig zu, sondern auch die Angst, seinen Job zu verlieren. In wirtschaftlich schweren Zeiten kann man es sich einfach nicht leisten zu versagen. Und meist nehmen gerade diejenigen Schaden an ihrer Seele, die besonders ehrgeizig sind. Damit unsere Seele aber keinen Schaden nimmt, müssen wir umdenken. Darauf weist Jesus ausdrücklich hin: *„Wer sein Leben um jeden Preis erhalten will, der wird es verlieren. Wer aber sein Leben um meinetwillen verliert, der wird es für immer gewinnen" (Mt 16,25).* Verkehrte Welt. Die Erfolgreichen werden das vielleicht nicht wahrhaben wollen. Was aber, wenn es die Wahrheit ist? Was können wir gewinnen, und was haben wir zu verlieren, wenn wir Jesus glauben?

Wir gewinnen eine Zufriedenheit, die uns alles andere auf der Welt nicht geben kann! In dem Wort „Zufriedenheit" steckt das Wort „Frieden"! Wir werden keinen inneren Frieden finden, solange wir Erfolg von dem abhängig machen, was wir uns erarbeitet haben. Wer sich darüber definiert, was er im Leben erreicht hat, wird immer unzufrieden sein. Wenn wir dagegen Jesus glauben, wird er uns von diesem Gedanken erlösen, immer noch mehr leisten zu müssen, um zufrieden sein zu können. Dann mache ich meinen Selbstwert nicht von dem abhängig, was ich habe, sondern von dem, was ich bin. Ohne dass ich etwas dafür getan hätte, bin ich jemand, dem Gott seinen Frieden schenken möchte. Dieser Friede überragt menschlichen Verstand und erzeugt eine Zufriedenheit, die nicht gesteigert werden kann. Wer diesen inneren Frieden findet, verliert die Sorge, im Leben zu kurz zu kommen. Zu neutestamentlicher Zeit wurden Christen dazu aufgefordert, dem römischen Kaiser das Kaiseropfer darzubringen, um auf die „acta faciendas", die Liste der treuen Kaiserdiener zu kommen. Wer dazu nicht bereit war, musste um sein Leben fürchten. Wer diese Opferhandlung verweigerte, riskierte sein Leben. Ist der Preis nicht zu hoch? Viele Christen mussten mit ihrem Leben bezahlen. Sie waren nicht bereit, sich vom Kaiser oder von wem auch immer abhängig zu machen. Jesus möchte jeden davor bewahren, falschen Idealen nachzujagen oder irgendwelchen Leuten hinterher zu rennen, die einem Profit versprechen. Da ist Jesus radikal. Ihm geht es darum, dass wir keine halben Sachen machen, sondern von ganzem Herzen ihm nachfolgen - damit wir Frieden finden! Das ist ein Frieden, der uns mit dem zufrieden sein lässt, was wir haben – auch wenn das gemessen an dem, was andere haben, vielleicht weniger ist. Dann bin ich erfolgreich, weil ich mich selbst nicht darin verliere, immer noch mehr haben zu müssen.

Nun beschreibt das deutsche Wort „Erfolg" allgemein das, was auf mein Tun hin *erfolgt*. Was folgt daraus, wenn wir uns nicht am Profit, sondern an Jesus Christus orientieren?

- Wir werden vieles gelassener angehen, weil wir im Glauben an Jesus Christus von einem falschen Leistungsdenken erlöst werden. Das wird zur Folge haben, dass wir nicht nur gelassener, sondern zugleich viel leistungsfähiger sein werden.

- Wir werden menschlicher, einfach barmherziger mit uns selbst und mit anderen sein, weil wir uns selbst nicht zu wichtig nehmen.

- Wir werden mit dem zufrieden sein, was wir haben, weil uns die Beziehung zu Gott wichtiger ist, als alles andere.

Zusammenfassend kann gesagt werden: Wenn man an Jesus Christus glaubt, wird man das ewige Leben gewinnen – ein Leben mit einem anderen Sinn und Ziel. Viele Menschen setzen ja wirklich alles daran, sich ein Denkmal zu setzen. Sie wollen, dass man sich an sie über den Tod hinaus erinnert. Aber entscheidend ist nicht, wie andere einen beurteilen, sondern was Gott über ihn sagen wird. Bei großen sportlichen Siegerehrungen wird gerne die Hymne *„We are the Champions"* von Queen eingespielt. Ich glaube, dass wir uns als Champions fühlen werden, wenn wir in der Ewigkeit bei Gott sein werden. Um diesen Erfolg zu feiern, müssen wir keine Spitzenleistungen bringen, sondern einfach nur vertrauen. Wir müssen darauf vertrauen, dass es sich am Ende lohnt, Jesus nachzufolgen. Viele, die Jesus am Kreuz sahen, dachten: Was für ein Loser! Erstaunlich, dass dieser Mensch, der bereit war, sein Leben zu verlieren, die ganze Welt gewonnen hat. Rund um den Globus glauben Menschen daran, dass Jesus ans Kreuz gegangen ist, um all das auf sich zu nehmen, was wir uns selbst und anderen schuldig geblieben sind. Als ich mir 2003 den Mel-Gibson-Film *„Die Passion Christi"* im Kino angesehen habe, schrie in dem Moment, als Jesus qualvoll starb, eine Frau lauthals in den Kinosaal hinein: *„Danke Jesus, das hast du für mich getan."* Es ist merkwürdig: Der zum Tode Verurteilte und im höchsten Maße Erniedrigte, ist der Erhöhte. Sein Tod schafft neues, ewiges Leben. Der Auferstandene mit seinen Wundmalen wird zum verwundeten Heiler. Seine Liebe ist heilsam für meine Seele. Und letztlich kann uns selbst der Tod nicht von dieser ewigen Liebe scheiden. Wer das glauben kann, gewinnt eine Zufriedenheit, die alles menschliche Erfolgsdenken überragt.

BURNOUT**GEFÄHRDET**

„Ich kann nicht mehr! Es ist genug. Lass mich sterben“. Der sonst so starke Prophet Elia kann nicht mehr. Seine Geschichte ist nachzulesen im alttestamentlichen Geschichtsbuch 1. Könige, Kapitel 19. Elia ist ausgebrannt - Burnout. Und das, obwohl er doch so erfolgreich war. Wie konnte es soweit kommen? Da ist zunächst einmal die Bedrohung, die von der Königin Isebel ausging. Elia musste fliehen, vor seinen Feinden und auch vor seinen Ängsten. So suchte er Zuflucht in der Wüste. In den Weiten einer kargen Gegend wollte Elia nur noch eins: Er wollte sterben! Er wollte und konnte nicht länger kämpfen. Er dachte, es allein schaffen zu müssen. Vielleicht kennen Sie diesen Gedanken: *„Mir kann ja doch keiner helfen“.* Und hinzu kommt noch ein anderer Gedanke, der emotional enorm viel Kraft kostet. Der Gedanke: *„Ich bin nicht gut genug!“* oder wie Elia es formulierte*: „Ich bin nicht besser als meine Vorfahren.“* Elia wollte es besser machen – besser sein. Vielleicht war er sogar besser als seine Vorfahren, aber seinen eigenen Erwartungen konnte er dennoch nicht gerecht werden. Er war ein Perfektionist. Was er erreicht hatte, reichte ihm nicht. Er wollte immer noch mehr - bis er nicht mehr konnte!

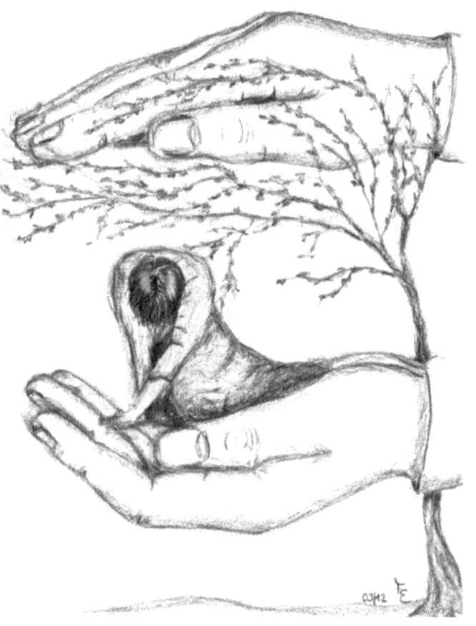

Am absoluten Tiefpunkt angekommen, nahm Elia plötzlich die unsichtbare Wirklichkeit Gottes wahr, die ihn gerade auch in seiner ausweglosen Situation umgab. Da ist eine Hand, die Elia trägt – er konnte gar nicht tiefer fallen, als in die Hand Gottes. Und da ist eine zweite Hand, die Gott segnend und schützend über ihn hält.

In der Bibel wird von einem Engel erzählt, der bei Elia stand, als er plötzlich aus dem Schlaf gerissen wurde. Die Botschaft des Engels: *„Steh auf und iss"*! Anfangs fehlte Elia aber noch die Kraft, um aufzustehen. Trotzdem aß er von dem frischgebackenen Fladenbrot und er trank das frische Wasser, mit dem der Engel ihn auf wundersame Weise versorgte. Dann schlief er wieder ein, bis der Engel ihn wieder wachrüttelte: *„Steh auf und iss"*. Diesmal stand Elia auf, und er spürte, dass es gut getan hatte, eine Zeit lang nichts weiter zu tun, als zu schlafen, zu essen und zu trinken! Das ist das Erste, womit wir einem Burnout vorbeugen können: mit genügend Zeit zum Schlafen und zum Essen. Klingt banal, ist es aber nicht unbedingt. Anfangs fehlte einem nur ein paar Stunden Schlaf. Später liegt man mitten in der Nacht wach und quält sich mit irgendwelchen Sorgen herum! Anfangs tröstet man sich damit, dass man von einer Tiefkühlpizza ja auch satt wird, wenn´s schnell gehen muss. Später aber hat man gar keinen Appetit mehr! Dann vergeht einem nicht nur der Appetit aufs Essen, sondern aufs Leben - man kann nicht mehr genießen. Ich verstehe diese Botschaft *„Steh auf und iss"* so, dass wir uns dazu aufraffen sollten, den eigenen Lebensrhythmus zu überdenken. Dabei ist es wichtig, auf die Signale des Körpers zu achten!

Als Elia wieder zu Kräften gekommen war, wies ihn eine innere Stimme an, zum Berg Horeb zu gehen. Dieser Berg galt als der Ort, an dem sich Gott in besonderer Weise offenbart. Und was tat Elia? Obwohl er ja auf wundersame Weise wieder zu Kräften gekommen war, verkroch er sich in einer Höhle. Es heißt, dass er in dieser Höhle nur übernachten wollte. Doch ich kann mir vorstellen, dass er immer noch Angst vor seinen Feinden hatte, und wahrscheinlich hatte er sogar Angst davor, Gott zu begegnen – dem Gott, dem er glaubte, nicht gerecht werden zu können! Das war aus meiner Sicht das eigentliche Problem. War er doch nach seiner Überzeugung nicht besser als seine Vorfahren. Und was tat Gott? Gott fragte ihn: *„Was tust du hier in der Höhle?"*. Sofort begann Elia damit, sich zu rechtfertigen – typisch. Er betonte, was er geleistet hatte, und er gab zu erkennen, dass er sich allein gelassen fühlte. Doch das war nicht die Frage. Auch ich möchte diese Frage *„Was tust du hier?"* manchmal nicht an mich heranlassen. Dann verkrieche ich mich in meiner Höhle. Doch wir sollten genau diese Frage an uns heranlassen, damit sich die Dinge klären: Was tust du da eigentlich in deinem Job? Was tust du für deine Ehe und Familie? Vielleicht musst du erkennen, dass du zwar hier äußerlich anwesend bist. Doch mit deinen Gedanken bist du ganz wo anders? Was tust du hier? Darin liegt die Chance eines Burnouts: Wenn ich an den Punkt komme, wo ich trotz allem, was ich geleistet habe, vor Gott kapitulieren muss. An diesem Punkt werden alle Selbsttäuschungen, Eitelkeiten, alle Ungereimtheiten meines Lebens aufgedeckt. Mir wird bewusst, was ich alles für Gott oder für wen auch immer tun wollte, und letztlich doch nur für mich selbst getan habe. Plötzlich wird mir bewusst, dass ich viel zu lange allein gekämpft habe oder dass ich nur um Anerkennung kämpfe! Das kann eine bittere, aber auch heilsame Selbsterkenntnis sein.

Vielleicht muss man erst an diesen Punkt kommen, an dem nichts mehr geht – jedenfalls nichts aus eigener Kraft. Dann möchte man sich zurückziehen, am besten in einer Höhle verkriechen. Doch Gott fordert von Elia: *„Komm raus aus deiner Höhle und tritt vor mich."* Gott möchte, dass wir herauskommen – raus aus Zwängen, aus Ängsten. Das wird nur möglich sein, wenn wir Gott begegnen – und zwar einem Gott, der so ganz anders ist, als wir uns das oftmals vorstellen. Manchmal wünschen wir uns, dass Gott auf übernatürlich Weise eingreift und er alle unsere Sorgen und Probleme zerschmettert. Doch damit würde sich nicht viel ändern. Darum möchte Gott, dass wir erkennen, was wir vielleicht seit vielen Jahren erfolgreich verdrängt haben oder was wir mit dem, was wir leisten, immer noch kompensieren wollen. Als Elia nun aus seiner Höhle herauskam, hörte er plötzlich ein leises, sanftes Säuseln. Dieses Säuseln war geheimnisvoll. Es ging an ihm vorüber, ohne dass irgendetwas geschehen wäre. Dennoch wusste Elia ganz genau, was Gott ihm mit diesem sanften Säuseln deutlich machen wollte. Plötzlich wurde ihm klar, dass er vor Gott keine Angst zu haben bräuchte, weil Gott gnädig und sanft ist – viel gnädiger und sanfter, als er es mit sich war. Dieses leise, sanfte Säuseln war eine Wohltat für seine unruhige, ängstliche Seele.

Ich weiß nicht, welche Vorstellung Sie von Gott haben. In der Geschichte von Elia begegnet uns ein Gott, der uns von allen Seiten umgibt und vor dem wir nicht fliehen können. Dieser Gott fragt ganz leise: *„Was tust du hier?"* Gott möchte uns von diesem verzweifelten Versuch, es allen Leuten Recht zu machen, erlösen. Wir können Gott nicht gerecht werden. Ich entdecke, dass ich Fehler gemacht habe und Vergebung brauche. Darum hat Gott seinen Sohn Jesus Christus gesandt, der für alles, was wir schuldig bleiben, ans Kreuz gegangen ist! Was tust du hier? Entschleunigen und entlärmen Sie Ihr Leben! Um dieses sanfte leise Säuseln im Lärm unserer Zeit herauszuhören, muss ich zur Ruhe kommen, still werden und bewusst in die Gegenwart Gottes treten! Wenn ich vor Gott schweige, beginne ich zu hören. Plötzlich erschließt sich mir die unsichtbare Wirklichkeit, die mich umgibt, trägt, schützt und nach vorne weist. Dann weiß ich, was Jesus für mich getan hat und was ich hier und jetzt tun sollte! Und wenn Sie genau wissen, was Sie tun sollten, ist das vielleicht mit Arbeit verbunden – aber das nennt man dann positiven Stress. Ja, dieses leise, sanfte Säuseln hat wirklich eine unglaubliche Kraft – die Kraft alles zu verändern.

UNSTERBLICH

Ich erlebe es so, dass ich mir das manchmal zweimal sagen muss– wie es der Psalmdichter ja auch tut: *„Lobe den Herrn, meine Seele, und alles, was in mir ist seinen heiligen Namen. Lobe den Herrn, meine Seele, und vergiss nicht, was er dir Gutes getan hat“ (Psalm 103,1-2).* Vom Kopf her versuche ich mir klar zu machen, dass Gott heilig ist und er mir soviel Gutes getan hat. Doch es kann sein, dass man sich ganz fest vornimmt, Gott zu loben und irgendetwas hindert einen daran. Kennen Sie diese Diskrepanz? Dann liegt einem etwas auf der Seele und man weiß gar nicht genau, was es ist. Die menschliche Seele äußert ihre verborgenen Empfindungen. Manchmal weiß ich selbst nicht, warum ich lachen oder weinen muss. Denn die Seele speichert alles Erlebte und vieles davon bleibt im Bereich des Unterbewussten. Es ist vergleichbar mit einem Eisberg. Nur die Spitze des Eisbergs, die ca. 10 Prozent ausmacht, ragt aus dem Wasser. Der weitaus größere Teil der Masse, nämlich ungefähr 90 Prozent befindet sich unterhalb der Wasseroberfläche und bleibt unsichtbar. So bleibt der größte Teil dessen, was unsere Gefühle, Motive, Wünsche, Ängste und Sehnsüchte bestimmt, im Bereich des Unterbewussten. Noch etwas lässt sich mit dem Bild vom Eisberg sehr schön veranschaulichen: Es kann sein, dass oberhalb der Wasseroberfläche die Luftmassen aus einer bestimmten Richtung auf die Spitze des Eisbergs treffen. Das aber ändert nichts daran, dass sich der Eisberg in die Richtung entsprechend der Strömung unterhalb der Wasseroberfläche bewegen wird. Auch in mir arbeiten Kräfte oberhalb und unterhalb der Bewusstseinsoberfläche gegeneinander. Dann kommen wir trotz aller mentalen Anstrengung nicht weiter. Wenn dem so ist, kann ich noch so viel beten, machen und tun – es wird sich nichts ändern. Meist versuchen wir uns dann noch mehr anzustrengen, bis wir irgendwann emotional völlig erschöpft sind. Was also tun? Ich glaube, dass Gott – im Bild gesprochen - die Strömung unterhalb der Oberfläche beeinflussen kann. *„Denn Gott, der HERR, ist es, der da vergibt alle deine Sünden; der da heilt alle deine Krankheiten; der* *dein Leben vom Tod erlöst; und der dich krönt mit Gnade und Barmherzigkeit" (Psalm 103,3-4)*. Im Grunde wissen wir, dass wir nichts ändern können, wenn nicht Gott in seiner Gnade vergibt, heilt und erlöst. Was wir aber tun können ist, unsere Seele bewusst mit Gott in Kontakt zu bringen! Das geschieht, indem ich meinen Gott nicht einfach oberflächlich lobe. Ich muss mit mir selbst in Berührung kommen. Mit allem, was in mir ist, suche ich die Stille. In der Stille kann ich besser wahrnehmen, welche Gedanken und Gefühle in mir sind. Dann kommt mir all das Gute, das ich schon wieder vergessen hatte, wieder in den Sinn. Dafür möchte ich Gott natürlich danken. Ich staune über das, was mir bewusst wird. Dann danke ich dafür und lobe meinen Gott. Und ich merke, wie sehr das meiner Seele wohltut. Es kann aber auch sein, dass mir nach und nach Dinge bewusst werden, die ich vielleicht lange erfolgreich verdrängt hatte. Mir wird bewusst, wo ich Vergebung brauche – wo ich anderen nicht vergeben habe oder wo ich mir selbst nicht vergeben kann. Nicht vergebene Schuld wiederum macht krank. Dann hilft es nichts, gegen irgendwelche Symptome anzubeten. Erst muss Vergebung geschehen, bevor Heilung möglich wird. Luther übersetz *„der da heilt alle deine Gebrechen"*. Das hört sich so nach altersbedingten, körperlichen Gebrechen an. Die sind sicherlich auch gemeint – aber eben nicht nur. Man spricht nicht zufällig von der „gebrochenen Seele". Damit aber seelische Wunden heilen, müssen wir darum bitten, dass uns Gottes Geist bewusst macht, wo wir Vergebung, Heilung und Erlösung brauchen. Sich dafür zu öffnen, fällt naturgemäß nicht leicht. Etwas in mir wehrt sich dagegen. Vielleicht möchten Sie nicht mit Ihrer Vergangenheit in Berührung kommen. Wir empfinden Scham. Da sind Ängste. Doch meine Seele kann nur gesund werden, wenn ich mich von gewissen Ängsten löse und bewusst darauf vertraue, dass Jesus mich von allem Bösen erlöst – nicht zuletzt von der Angst vor dem Tod. Ich staune immer wieder, wie viel Evangelium Psalm 103 beinhaltet.

David, dem dieser Psalm zugeschrieben wird, verarbeitet Erfahrungen, die sich tief in seiner Seele eingeprägt haben. Dazu gehört auch die Erfahrung, dass Gott ihn vor dem sicheren Tod bewahrt hat. Wer seinen Psalm liest, wird dennoch mit der Vergänglichkeit des Lebens konfrontiert (V.14-16). Dem müssen wir uns stellen. Doch auch das geschieht, wenn ich Gott lobe: Ich bekomme eine Ahnung davon, dass etwas in mir unsterblich ist. Zum Abschluss seines Psalms fordert David nicht nur seine Seele auf, den HERRN zu loben, sondern auch die Engel und die himmlischen Heerscharen (V.20-21). Als könnte man Einfluss nehmen auf die himmlische Sphäre. Doch es ist tatsächlich so, meine Seele bringt mich nicht nur mit mir selbst in Berührung, sondern auch mit Gottes neuer Welt. Im Lobpreis erahnt die Seele Davids, dass die Gnade des HERRN von Ewigkeit zu Ewigkeit über denen währt, die ihn fürchten (V.17). Ich denke, dass in jeder menschlichen Seele die Hoffnung auf ewiges Leben verborgen liegt. Was in diesem Psalm als Ahnung beschrieben wird, ist im Glauben an Jesus Christus zur tiefen Gewissheit geworden. Nichts und niemand kann mich von der Liebe Gottes trennen - weder meine Schuld noch meine Ängste und auch nicht der Tod. Wenn meine Seele von dieser Gewissheit erfüllt ist, bin ich erlöst.

Allerdings holt uns die Wirklichkeit der alltäglichen Sorgen meist schnell wieder ein. In der Tageszeitung stieß ich auf einen Artikel mit der Überschrift: *„Die Seele leidet am Arbeitsplatz“.* Darin wird ausgeführt, dass sich die Zahl der psychisch bedingten Krankschreibungen in den vergangenen 15 Jahren mehr als verdoppelt habe. Ich zitiere: *„Neben Stress und Überlastung gilt als Ursache auch fehlendes Lob vom Chef.“* Tja, wir leben in einer Leistungsgesellschaft. An Lob wird gerne gespart. Im Reich Gottes ist das vollkommen anders. Der oberste Chef gibt den Druck nicht von oben nach unten weiter. Das tun wir Menschen. Gott ist so ganz anders. Vielleicht müssen wir noch erlöst werden von einem gewissen Leistungsdenken, das sich mit unserem Glauben vermischt. Wir können und müssen nichts dafür leisten, dass Gott uns gnädig ist. Gott ist und bleibt barmherzig und gnädig, weil es seinem Wesen entspricht. Dessen können wir uns ganz sicher sein, weil Gott seine Gnade in Jesus Christus erwiesen hat. Wenn mir das wieder neu bewusst wird und Gottes Gnade die Strömung unterhalb der Bewusstseinsoberfläche bestimmt, kann ich Gott nur loben und preisen – und das tut meiner Seele unendlich gut.

OHN**MÄCHTIG**

Jesus Christus spricht: „Meine Kraft ist in den Schwachen mächtig". Mir persönlich fällt es schwer, Schwächen einzugestehen und noch schwerer, zu meinen Schwächen zu stehen! Jetzt mal ehrlich, wer in unserer Leistungsgesellschaft Schwäche zeigt, hat doch keine Chance. Schwächen werden ausgenutzt. *„Sei stark!", „Weine nicht!", „Lass dir bloß nichts anmerken!", „Immer schön lächeln!"* – das sind die Botschaften, die wir verinnerlicht haben. Um aber den schönen Schein oder auch den Heiligen-Schein zu wahren, muss man Schwächen überspielen. Wenn es gelingt und keiner etwas merkt, nennt man das professionell. Das Schlimmste, was einem passieren kann, ist dieser Zustand, den man als Burnout-Syndrom bezeichnet. Wenn nichts mehr geht! Okay, jeder macht mal eine Schwächephase durch. Doch irgendwann wollen wir zurückfinden zu alter Stärke: Bäume ausreißen, unsere Träume verwirklichen und am liebsten die ganze Welt retten. So hatte Paulus sich das auch vorgestellt. Wenn der Apostel zugibt, dass er dreimal inständig gefleht hat, körperlich heil zu werden, dann will das schon etwas heißen. Wahrscheinlich hätte Paulus es sogar noch öfter versucht, wenn da nicht diese innere Stimme gewesen wäre, eine innere Stimme, die ihm etwas anderes sagte, als das, was er sich gewünscht hätte: *„Lass dir an meiner Gnade genügen – meine Kraft ist in den Schwachen mächtig" (2. Kor 12,9).*

Was es bedeutet, sich an der Gnade Gottes genügen zu lassen, muss sicherlich jeder selbst durchbuchstabieren. Eigentlich mag ich das niemand wünschen. Doch um wirklich zu verstehen, was Gnade heißt, müssen wir wahrscheinlich erst an diesen Punkt kommen, an dem man nur noch kapitulieren kann. Ich meine diesen Punkt, an dem man spürt, dass nichts mehr geht – jedenfalls nicht aus eigener Kraft! Wenn Sie sich im Moment stark fühlen und alles gut läuft, dann freuen Sie sich darüber. Denn auch das ist Gnade. Die Kraft des Heiligen Geistes erweist sich ja nicht nur in der Schwachheit, sondern natürlich auch in der Stärke. Doch es ist nun einmal so: In der Schwachheit wird sie ganz besonders stark und mächtig erfahrbar! In der Schwachheit kommt die Kraft des Glaubens gewissermaßen zur *„Vollendung"*. Genau genommen müsste man etwas anders übersetzen, als Luther das getan hat. Wörtlich heißt es: *„Meine Gnade soll dir genügen – denn die Kraft (meiner Gnade) kommt erst in (menschlichen) Schwachheiten zur Vollendung."* Hier ist also gar nicht von „den Schwachen" die Rede. Wir urteilen oft sehr schnell und teilen ein: Das sind die Starken und das die Schwachen. Dabei hat doch jeder seine Schwächen. Ängste, Schmerzen, Anfechtungen kennt jeder – nur nicht jeder steht dazu. Noch etwas wird deutlich, wenn man sich die wörtliche Übersetzung genau anschaut: Das entscheidende Wort ist „Gnade". Die Kraft, die hier verheißen ist, bezieht sich auf den ersten Teil, wo es heißt: *„Meine Gnade genügt"*. Die Kraft, die immer genügt, ist die Kraft der Gnade. Was passiert, wenn wir uns an seiner Gnade genügen lassen? Vier Gedanken dazu:

a) Lass dir an seiner Gnade genügen – denn die Kraft seiner Gnade erweist sich, indem man *getröstet* wird! Dann tröstet einen der Gedanke, nicht allein zu sein. Man empfindet es als besonderes Geschenk, eben als Gnade, dass da ein Gott ist, der mitfühlt – der *„Vater unseres Herrn Jesus Christus, der Vater der Barmherzigkeit und der Gott allen Trostes"* (2. Kor 1,3). Tröstlich zu wissen, dass der Gott, der sich in Jesus Christus offenbart hat, unsere Krankheiten, unsere Schmerzen und unsere Schuld auf sich genommen hat (vgl. Jesaja 53,4)! Das zu wissen, ändert vielleicht nichts an der Krankheit oder den Schmerzen; doch es verändert den Menschen in seiner notvollen Situation. Dann weiß ich mich geliebt und nicht bestraft – trotz allem. Und meist sind diejenigen, denen gar nichts anderes übrig bleibt, als sich an der Gnade genügen zu lassen, die glaubwürdigsten Tröster! Aus eigener Erfahrung berichtet der Apostel: *„Der Gott allen Trostes tröstet uns in all unserer Not, damit auch wir die Kraft haben, alle zu trösten, die in Not sind"* (2. Kor 1,4). So gesehen konnte Paulus seinen Leiden sogar einen Sinn geben. Es ist ein Phänomen. Tatsächlich geht oftmals von Menschen eine Kraft aus, die nicht aus eigener Kraft, sondern aus der Kraft der Gnade leben.

b) Lass dir an seiner Gnade genügen – denn die Kraft seiner Gnade erweist sich, indem man *demütiger* wird. Viele Leute, die ich kenne, genügen sich selbst. Solange man den Ansprüchen genügt, braucht man Gnade nicht unbedingt. Gnade ist etwas für Schwache, denken die Starken und merken gar nicht, wie selbstgefällig und hochmütig sie geworden sind. Von daher könnte so ein *„Pfahl im Fleisch"*, wie Paulus ihn erleiden musste, auch dazu dienen, demütig zu bleiben (2. Kor 12,7). Das aber wollten einige in der Gemeinde von Korinth nicht akzeptieren. Wer so ein schwaches Bild abgibt, kann kein vollmächtiger Apostel sein, dachten viele. Auch wir haben gewisse Vorstellungen davon, wie geistliches Wachstum aussehen sollte. Vielleicht denken wir dabei manchmal in die falsche Richtung. Jedenfalls genügt es nicht, in den dritten oder auch siebten Himmel entrückt zu werden oder ähnliche hochgeistlichen Erfahrungen zu machen (vgl. 2. Kor 12,2-4). So schön solche herausragenden Erfahrungen des Glaubens sein mögen, es ist besser, sich seiner Schwachheit zu rühmen. Denn wer sich seiner Schwachheit rühmt, kann sich nicht selbst rühmen und bleibt in guter Weise demütig.

c) Lass dir an seiner Gnade genügen – denn die Kraft seiner Gnade erweist sich, indem man *gnädiger* wird. Wer mit seiner Kraft am Ende ist, wird nicht nur demütiger sein, sondern auch gnädiger mit sich selbst und mit anderen. Oft ist es ja so, dass ich die hohen Erwartungen, die ich an mich selbst richte, auch an andere habe. In der Kirche wird viel von Gnade geredet. Man weiß theoretisch, dass wir alle auf die Gnade unseres Herrn Jesus Christus angewiesen sind. Warum nur geht man in manchen Kirchengemeinden so ungnädig oder sogar gnadenlos miteinander um? Ich staune, wie gnädig Paulus über seinen ärgsten Widersacher urteilt und ihm sogar verzeihen kann (2. Kor 2,5ff). Das ist nur möglich, wenn man aus der Kraft der Gnade lebt. Umso mehr wir uns an seiner Gnade genügen lassen, umso gnädiger werden wir.

d) Lass dir an seiner Gnade genügen – denn die Kraft seiner Gnade erweist sich, indem man *heil* wird. Nun blieb Paulus die Heilung seiner Leiden ja verwehrt. Das allerdings wird mich nicht davon abhalten, einmal, zweimal oder auch öfter konkret ein Heilungswunder zu erflehen. Die Gnade Gottes kann sich natürlich auch darin erweisen, dass Schmerzen plötzlich weggehen oder eine Not gelindert wird! Es kann aber auch sein, dass man genau diesen Impuls bekommt, den Paulus hatte: *„Lass dir an meiner Gnade genügen“.* Dann erweist sich die besondere Kraft der Gnade darin, Schmerzen anzunehmen. Das kann heilsam sein. Wenn man eine Krankheit zutiefst ablehnt oder Schmerzen bewusst unterdrücken muss, wird meist alles nur noch schlimmer. Manchmal ist es so, dass sich gerade dann etwas bessert, wenn man die eigene Schwachheit akzeptiert und man sich mit seiner schmerzhaften Biografie versöhnt. Das ist natürlich nicht so leicht. Wenn überhaupt, wird das nur gelingen, wenn man alles aus Gottes Hand nimmt und an dem Gott des Trostes festhält.

Dann halte ich daran fest, dass mich nichts und niemand, weder Hohes noch Tiefes von der Liebe trennen kann, die Gott uns in Christus erwiesen hat. Diese Gewissheit macht die Seele heil! Vielleicht sind Sie enttäuscht von Gott? Vielleicht empfinden Sie Ihre Schmerzen sogar als Strafe Gottes? Kommen Sie mit all diesen Gedanken, mit all Ihren Wunden zu Gott. Klagen Sie ihm Ihr Leid! Dann aber geben Sie ihm die Ehre. Denn er ist der Gott allen Trostes! Bitten Sie um die besondere Gnade, sich an seiner Gnade genügen zu lassen! Und schließlich spüren Sie die Kraft, die in Sie einströmt!

ERGÄNZUNGS**BEDÜRFTIG**

Eros war über Jahrhunderte hinweg *das* Wort für Liebe. Prägend für das allgemeine Verständnis von dieser Eros-Liebe war der Mythos vom so genannten „Kugelmenschen". Der große Philosoph Platon schildert diesen Mythos in seinem „Symposion" (dt. „Das Gastmahl"): Demnach trennten die Götter alle Menschen in zwei Hälften. Seitdem ist jeder Mensch auf der Suche nach seiner fehlenden Hälfte. Diese Bewegung, diese Sehnsucht des Menschen nach Ergänzung und Ganzheit, nennt Platon „Eros". Erotik meint diesen leidenschaftlichen Wunsch, mit einem anderen Menschen, eins zu werden. Ein Mensch, der mich ergänzt. Ein Mensch, in dessen Nähe ich mich ganz anders fühle – ganz wertvoll, ganz erfüllt.

In der Bibel heißt es: *„Es ist nicht gut, dass der Mensch allein sei"* (1. Mose 2,18). Der Schöpfer des Lebens kommt zu dieser Einsicht und entschließt sich, ein Gegenüber für Adam zu schaffen. Eva soll seine „bessere Hälfte" sein, ihn ergänzen, und sie sollen „ein Fleisch" werden. Das Problem ist, dass in unserer heutigen Gesellschaft der Wunsch nach diesem Einswerden meist viel zu früh und viel zu einseitig auf das Körperliche reduziert wird! Denn Erotik beinhaltet die durch sinnliche Reize ausgelöste Sehnsucht nach Ganzheit!

In diesem Sinne sehnte sich auch die Frau am Jakobsbrunnen nach der ihr fehlenden „Halbkugel" (vgl. Joh 4,1ff). Doch obwohl sie fünf Männer hatte, fand sie nicht das, was sie eigentlich suchte. Irgendwie wird sie das geahnt haben. Doch sie wollte es niemand eingestehen – Jesus nicht und sich selbst auch nicht. Tja, solange man nicht bereit ist, dieser Sehnsucht nach Ganzheit ganz ehrlich nachzuspüren, wird das immer irgendwie unbefriedigend sein. Sicherlich gibt es viele Möglichkeiten, diese zutiefst menschliche Sehnsucht nach Ganzheit auszufüllen – beispielsweise mit Arbeit oder mit Sport. Egal, womit oder mit wem wir uns erotisch ergänzen, so richtig *ganz* machen wird uns das nie. Jesus kennt unsere Sehnsüchte, und er sagt dieser Frau am Brunnen, die in der Mittagshitze

Wasser schöpfen will, dass er „lebendiges Wasser“ anzubieten hätte. Damit will er ihr klar machen, dass nur er den ewig neuen Durst nach Leben und Ganzheit stillen kann. Damit komme ich vom Thema Erotik ausgehend auf das Thema Spiritualität zu sprechen. Wie verhalten sich Spiritualität und Erotik zueinander? Um noch einmal im Bild vom Kugelmenschen zu bleiben: Eros sucht nach der fehlenden Halbkugel. Spiritualität dagegen fragt: Was gibt es über die Kugel hinaus? Was ist der Sinn des Ganzen? Ich erlebe es so, dass sich diese Frage gerade dann besonders eindringlich stellt, wenn eigentlich alles ganz wunderbar läuft. Ich bin in der glücklichen Lage, Menschen um mich herum zu haben, die mir alles geben, was ich mir nur wünschen kann. Es gibt Tage, die sind perfekt. Es gibt Momente, da spüre ich dieses Einssein in den Beziehungen zu den Menschen, die ich liebe. Doch gerade dann wird mir bewusst, dass es da noch eine ganz andere Dimension gibt – etwas, was viel größer ist, als ich es denken oder fühlen kann – etwas, was mir fehlt, selbst wenn ich alles andere habe. Ich meine die Beziehung zu Gott, mit dem ich tatsächlich eins sein kann – und das nicht nur für einen heiligen Moment, sondern bis in Ewigkeit. Das ist es, was Jesus dieser Frau am Brunnen zu erklären versuchte.

Vielleicht war das für die Frau am Jakobsbrunnen sogar auf eine gewisse Art und Weise eine erotische Begegnung mit Jesus. Eigentlich hätte diese Begegnung so gar nicht stattfinden dürfen. Nach jüdischem Gebot war es einem jüdischen Mann verboten, eine Samariterin anzusprechen – und das auch noch ganz allein. Doch je länger sie mit Jesus zusammen war, desto suspekter erschien ihr das Ganze. Sie war irritiert und verstand vieles nicht. Doch sie sehnte sich zutiefst nach diesem lebendigen Wasser, von dem Jesus sprach – eben diesem spirituellen Erleben, das einen so ganz in Gott und damit so ganz zufrieden sein lässt. Aber sie wusste einfach nicht, wo sie dieses lebendige Wasser finden sollte. Jesus versuchte ihr sinngemäß klar zu machen, dass sie keine persönliche Beziehung zu Gott habe. Darum musste Gott in Jesus Christus Mensch werden - damit wir eine Nähe zu Gott, ja sogar eine ganz persönliche Beziehung zu ihm habenkönnen. In Jesus begegnet mir ein Gott, der mich bedingungslos liebt. Jesus Christus ist das Gegenüber, das ich brauche, um eins zu werden mit Gott.

Das Ganze macht allerdings nur Sinn, wenn der Gott, der sich in Jesus Christus offenbart hat, real existiert und jeden Menschen ganz individuell liebt. Es gibt so viele Götter. Eros ist nur einer unter vielen Göttern in der griechischen Mythologie. Übrigens, weil man die erotische Liebe wohl schon immer als flüchtig empfunden hat, wird Eros in der Kunst meist mit Flügeln dargestellt. Vollkommen anders begegnet uns Jesus Christus. Er spricht die Frau am Brunnen gezielt auf die Männer in ihrem Leben an, weil er weiß, wie sehr sie immer wieder enttäuscht worden ist. Gott kennt unsere Sehnsüchte und auch die Enttäuschungen; er kennt meinen Namen, meine Verletzungen und auch das, was ich gerne verheimlichen möchte. Bleibt zu klären, ob es für jeden Menschen das eine hundertprozentig passende Gegenstück, den einen passenden Partner gibt? Platon hat diese These vertreten. Natürlich wird es immer Menschen geben, die einen relativ großen fehlenden Teil ergänzen können. Wahrscheinlicher ist es, dass man viel zu hohe Erwartungen an seine ‚bessere Hälfte' richtet. Besonders Beziehungen zu Menschen, die man liebt, sind oft überfrachtet. Das geht eine Zeit lang gut. Doch irgendwann werden die oft überhöhten Erwartungen an den Partner enttäuscht. Wir hoffen, dass sich etwas ändert und werden erneut enttäuscht! Schließlich flüchten viele in eine andere Beziehung beziehungsweise in andere Nischen, wo man nicht so leicht enttäuscht werden kann. Doch wir brauchen den einen wahren Gott, der uns nicht nur das gibt, was wir für den Moment brauchen, sondern der uns etwas gibt, was Ewigkeitscharakter hat und uns ganz tief in unserer Seele mit Glauben, Hoffnung und mit „Agape", mit vollkommen selbstloser, göttlicher, bedingungsloser Liebe erfüllt (1. Kor 13,13). Das ist es, wonach sich jeder Mensch im Tiefsten sehnt. Nur der Gott, der uns Menschen seine Liebe in Jesus Christus erwiesen hat, kann das ausfüllen, woran es ewig fehlt.

NEID**LOS**

„Spieglein, Spieglein an der Wand, wer ist die oder der Schönste am ganzen Strand?“ Die Todsünde Neid ist allgegenwärtig: ob am Strand, am Arbeitsplatz, in der Schule, beim Shoppen, in den besten Familien und wohl auch in den besten Kirchen. Das Märchen von Schneewittchen spiegelt im Grunde nur etwas von dem wider, was schon in jedem Kind angelegt ist. Wie lauten die beiden Worte, die Kleinkinder zu einem ersten Satz zusammenfügen? *„Auch haben.“* Meist fängt alles so harmlos an – beispielsweise mit einem neidischen Blick. Da spielen die Kinder ganz friedlich am Strand. Das geht auch wunderbar ohne die Schaufel des Kindes, das nicht weit entfernt eine tolle Burg baut. Und plötzlich muss es genau diese Schaufel sein, sonst geht gar nichts mehr! Nicht nur Kinder, sondern Erwachsene ebenso wollen haben, was andere haben, auch wenn wir das nicht immer so wahrhaben wollen.

Natürlich wissen wir, dass es keinen Sinn macht, neidisch oder eifersüchtig zu sein. Wir kennen das zehnte Gebot und wissen, dass wir nicht den Besitz unseres Nächsten begehren sollen: Weder sein Haus noch seine Frau (vielleicht ist sie ja die Schönste am ganzen Strand), auch nicht seinen Sportwagen, seinen Luxusurlaub, seine Karriere, sein Gehalt oder seine Fitness! Wenn das nur so einfach wäre mit dem *„Du-sollst-nicht-begehren“*! Hat nicht sogar unser Schöpfer diese Sehnsucht in jeden Menschen hineingelegt? Was ist mit Adam und Eva? Die beiden hatten ja wirklich alles, was man sich nur wünschen kann. Sie konnten überhaupt nicht neidisch auf andere sein, weil sie ja das ganze Paradies für sich hatten. Trotzdem wurde die eine verbotene Frucht zum Objekt ihrer Begierde. Warum? Adam und Eva dachten, Gott würde ihnen etwas vorenthalten. Letztendlich ging es den beiden gar nicht um die geheimnisvolle Frucht. Hier eifert der Mensch danach, wie Gott zu sein.

Diese perfide Eifersucht auf den Allmächtigen ist das Werk der Schlange, des Satans. Getrieben von Neid und Eifersucht hat er nichts Besseres zu tun, als uns das einzureden, was er sich ursprünglich selbst vorgenommen hatte: *„Ich werde weit über die Wolken hinaufsteigen, um dem Höchsten gleich zu sein"* (Jes 14,13f). Demnach will der Satan uns neidisch machen, weil er selber nicht das bekam, was er unbedingt erreichen wollte. So wie Adam und Eva fallen auch wir auf so manche harmlos wirkende, aber teuflische Versuchung herein. Neid versucht sich immer zu tarnen. Niemand von uns würde offen zugeben, neidisch zu sein. Genau das macht Neid so gefährlich – sowohl für den, der neidet, als auch für den, der beneidet wird.

Man denke nur an die Geschichte von Joseph und seinen Brüdern. Weil Joseph in seinen Träumen ganz besondere Botschaften von Gott her empfing, wurden seine Brüder auf ihn neidisch. Außerdem waren sie eifersüchtig, weil er Papas Liebling war. So kam es dazu, dass seine Brüder ihn loswerden wollten (vgl. 1. Mo 37,1ff). Auch Jesus hatte viele Neider – besonders die Schriftgelehrten und Pharisäer. In den Evangelien von Matthäus und Markus wird ausdrücklich erwähnt, dass seine Feinde, die Hohepriester, ihn aus Neid dem Statthalter Pilatus überlieferten (Mt 27,18; Mk 15,10). Sein Tod am Kreuz ist also so gesehen eine Folge der Todsünde Neid. Im alttestamentlichen Buch der Sprüche heißt es: *„Neid ist wie Knochenkrebs."* Wörtlich ist von *„Wurmfraß in den Knochen"* die Rede (Spr 14,30). Fragt sich, ob es eine Heilungs-Chance gibt, wenn einen der Neid zerfrisst? Im Jakobusbrief gibt es dazu interessante Ausführungen: *„Wenn ihr (in der Gemeinde) von bitterem Neid und Streitsucht in euren Herzen erfüllt seid, dann rühmt euch nicht und lügt nicht gegen die Wahrheit. Denn Neid kommt nicht von Gott. Neid ist irdisch, seelisch, dämonisch"* (Jak 3, 14-15). Das Erste und Wichtigste ist demnach, bei der Wahrheit zu bleiben. Die Wahrheit ist, dass tief in unseren Herzen die Versuchung verborgen liegt, auf andere neidisch zu werden. Wer das nicht wahrhaben will, belügt sich selbst.

Wenn wir diese Wahrheit soweit akzeptieren, müssen wir natürlich auch fragen, woher der Neid kommt. Es könnte sein, dass das Objekt der Begierde *irdisch* ist. Meist sind es materielle Dinge, die einen viel zu hohen Stellenwert einnehmen. In dem Fall wäre es besser, die Blickrichtung zu ändern und an bestimmten

Schaufenstern bewusst vorbeizugehen oder auch den Blick über den Gartenzaun zu vermeiden. Außerdem sollten wir uns jeden Tag bewusst machen, dass wir bei unserer Geburt nichts, aber auch gar nichts, in diese Welt mitgebracht haben und wir eben auch nichts mitnehmen können, wenn wir einmal sterben (1. Tim 6,6 + 7).

Es könnte natürlich auch sein, dass Neid *seelisch* bedingt ist. Wer als Kind häufig benachteiligt worden ist, trägt diese seelische Wunde in sich. Später beneidet man diejenigen, die seelisch stabiler sind, ein starkes Selbstbewusstsein haben und leichter durchs Leben kommen. Dann kommt es darauf an, sich nicht mit anderen zu vergleichen. Ich versuche zu akzeptieren, dass ich so bin, wie ich bin. Ich glaube, dass Gott mich so liebt, wie ich bin. Und ich mache mir bewusst, was ich nicht mehr derselbe bin, der ich einmal war.

Es gibt noch eine dritte mögliche Ursache für Neid. Wir sollten in Betracht ziehen, dass Neid auch *dämonisch* sein kann: Grundsätzlich dürfen wir keinesfalls vorschnell darauf schließen, dass der Teufel am Werk ist. Doch wenn man mit gesundem Menschenverstand und mit dem täglichen Gebet nicht weiterkommt, muss man das Böse gegebenenfalls in Jesu Namen austreiben. Das hört sich dramatisch an, aber man darf nicht vergessen, welche zerstörerische Macht Neid und Eifersucht annehmen können. Von daher sollten wir die bittere Wurzel ausreißen, um schlimme Auswüchse zu verhindern.

Soweit so gut. Doch was ist mit dem Gleichnis von den Arbeitern im Weinberg (vgl. Mt 20,1-16)? Da erzählt Jesus davon, dass diejenigen, die zuletzt noch für eine Stunde im Weinberg mitgearbeitet haben, denselben vollen Lohn ausgezahlt bekommen, wie diejenigen, die den ganzen Tag über in der sengenden Hitze schwer gearbeitet haben. Ist das gerecht? Der Weinbergbesitzer, der in dieser gleichnishaften Rede für Gott steht, antwortet mit einer Gegenfrage: *„Bist du neidisch, weil ich zu anderen gütig bin?“* Solange ich glauben kann, dass Gott mir seine ganze Güte erweist, ist alles gut. Doch was ist, wenn Dinge geschehen, die ich als ungerecht empfinde? Was ist, wenn ich mich von Gott benachteiligt fühle? Andere erzählen von großartigen Gebetserhörungen. Was aber habe ich schon mit Gott erlebt? Solche Gedanken können deprimierend sein. Sie können allerdings auch im positiven Sinne motivieren.

Zwar sind die Worte Neid und Eifersucht grundsätzlich negativ besetzt. Doch vom griechischen Wortstamm her kann das Eifern und Suchen, durchaus auch positiv verstanden werden. In dem Sinne, dass wir mit Eifer versuchen sollten, das Beste aus den gottgegebenen Möglichkeiten zu machen. Gott selbst wird im alttestamentlichen Buch Hesekiel in einer bildhaften Sprache als eifersüchtiger Ehepartner dargestellt (Hes 16,38; 23,25). Ja, wenn wir uns von Gott abwenden, reagiert Gott darauf eifersüchtig – in dem Sinne, dass er mit Eifer nach uns sucht. So verstanden sollten wir darauf aus sein, dass der Heilige Geist unsere Herzen erfüllt. Damit unser Denken und Handeln weder irdisch, noch seelisch oder gar dämonisch bestimmt werden (vgl. Gal 5,20ff). Gott hält in seiner Güte noch so viel für uns bereit. Ich denke an verschiedene Charismen, nach denen wir streben sollen, statt andere zu beneiden, die ihre Gaben schon ausleben. Wir sind alle ganz unterschiedlich begabt – und das ist gut so. Genügsamkeit ist der Schlüssel zu einem zufriedenen Leben. Wer sich an Jesus und seiner Gnade genügen lässt, kann neidlos anerkennen, was andere erreicht haben! Dann sagt das Spieglein an der Wand, dass ich nicht erst besser werden muss, sondern das ewige Leben schon habe. Was will man eigentlich mehr?

FREIWILLIG

Ich bin zutiefst beeindruckt, mit welcher inneren Freiheit Dietrich Bonhoeffer sich zu Christus bekannt hat. Sein Gewissen war gebunden an seinen Herrn Jesus Christus. Trotzdem war er frei, das zu tun, was er glaubte, tun zu müssen. Im Jahre 1930 hielt sich Bonhoeffer für ein Studienjahr fern der Heimat im Land der unbegrenzten Möglichkeiten auf. Dort hätte er alle Freiheiten gehabt, Theologie zu lehren und den Schrecken der Nazi-Herrschaft zu entkommen. Doch das konnte und wollte er nicht. Sein Gewissen drängte ihn, nach Deutschland zurückzukehren. Was ist das für eine Gewissensfreiheit, wenn man die Freiheit hat, seine Freiheit aufzugeben? Irgendwie scheint das paradox zu sein.

In Psalm 31 heißt es: *„Du, Gott, stellst meine Füße auf weiten Raum“* (V.9). Im Glauben daran, dass unsere Zeit, unser Leben in Gottes Händen steht, eröffnet sich dieser weite Raum. In einem weiten Raum zu stehen, bedeutet: Nichts und niemand kann mir zu nahe treten! Ich bekomme eine neue Perspektive für mein Leben! Über mir der Himmel, von dem aus Gott mich sieht! Ich fühle mich geborgen! Und unter meinen Füßen fester Boden. Ich bin standfest und im Glauben gefestigt! Dieser weite Raum, von dem der Psalmbeter spricht, ist ein angstfreier Raum. Das deutsche Wort „Angst“ leitet sich vom lateinischen „angustus“ ab, was ursprünglich die Bedeutung „eng“ hatte. Angst hat immer mit Enge zu tun. Der Psalmbeter spricht von *„Bedrängnissen seiner Seele“*. Es bedrängt ihn, dass da Menschen sind, die er als Feinde bezeichnet. Diese Feinde sind übermächtig. Für ihn wird es eng. Manchmal wird es auch für uns eng, obwohl wir in einer freiheitlichen Gesellschaft leben. Wenn man sich einschränken muss, weil man alt, krank oder pflegebedürftig wird. Viele fürchten um ihren Arbeitsplatz. Andere um ihre Ehe. Wie gut, wenn man dann einen Zufluchtsort hat.

In einer zerstörten Kirche predigte Bonhoeffer über ein zukünftig erneuertes Christentum. Er selbst fand eine neue Sprache – befreiend und erlösend. Darum faszinieren seine Worte bis heute. Nun leben wir in einer Welt, die, wie Bonhoeffer es vorausschauend nannte *„mündig geworden ist“*. In unserer Gesellschaft genießen wir viele Freiheiten. Die Gewissensfreiheit des Individuums nimmt einen hohen Stellenwert ein. Wahrscheinlich hat das auch etwas mit der eigenen Geschichte unseres Volkes zu tun. Wir sind sehr sensibel, wenn jemand einen Anspruch auf unser Gewissen erhebt. Dann heißt es: *„Das geht dich gar nichts an!“* oder *„Das ist meine Sache!“* Doch so frei, wie wir denken, sind wir meist gar nicht! Hirnforscher meinen erkannt zu haben, dass alles, was wir wollen, unbewusst im Gehirn schon längst entschieden ist, bevor wir uns bewusst zu etwas entschließen. Das heißt, der vermeintlich freie Entschluss hat immer eine Vorgeschichte. Durch Erziehung, Bildung, positive oder auch negative Erfahrungen, Normen und Werte sind wir geprägt. Entsprechend dieser Prägungen entscheidet unser Gehirn. Ob uns dieser Gedanke nun gefällt, oder nicht, wir alle sind in einem gewissen Sinne festgelegt in dem, was wir wollen und dem, was wir nicht wollen. Dagegen können wir nichts tun, selbst, wenn wir´s wollten. So paradox es klingt, nur indem wir uns bewusst Gott unterordnen und ihn den Herrn über unser Leben sein lassen, finden wir wahre Freiheit. Das scheint unlogisch zu sein. Ich erkläre es mir folgendermaßen: Indem ich sage: *„Dein Wille geschehe“*, gewinne ich eine innere Freiheit von all dem, was mir das Gefühl von Freiheit vermitteln will. Nicht das neue Auto, nicht der schöne Urlaub, nicht der Bausparvertrag, der bald ausgezahlt wird, und auch nicht der Karrieresprung kann mich befreien. Im Gegenteil, ich werde mich immer stärker abhängig machen von dem, was ich selbst erreicht habe und noch erreichen möchte. Die Erwartungen und Ansprüche, die man selbst oder andere an einen richten, werden dabei immer größer. Dann entsteht ein Leistungsdruck, der einen einengt! Demgegenüber will Jesus Christus uns von Gedanken freimachen, die uns gefangen nehmen und unter Druck setzen. Wenn sich irgendwann alles darum dreht, sich selbst verwirklichen zu wollen. In der Bibel heißt es: *„Wo der Geist Gottes ist, da ist Freiheit!“* (2. Kor 3, 17). Wenn wir es zulassen, dass Gottes Geist in uns wirksam wird, dann verändert sich etwas. Hirnforscher werden das niemals nachweisen können. Doch in dem Moment, wo mir durch Gottes Geist Christus wichtiger wird als alles andere, weiß ich, was ich besser nicht tun sollte, und ich gewinne eben auch die Freiheit, es einfach zu lassen. Das ist eine ungeahnte Freiheit, wenn man nicht mehr das tun muss, was man eigentlich nicht tun will, sondern endlich das tun kann, was Gott will. Bonhoeffer war ein Mensch, der Christus in seinem Zentrum hatte. Was dazu führte, dass die Leute, die Bonhoeffer begegneten – Gefängniswärter oder andere Häftlinge – nicht verstehen konnten, wie er so gelassen und freundlich lächelnd leben konnte, angesichts von Willkür, Kränkungen und Todesurteil (vgl. *„Wer bin ich"*, aus: Widerstand und Ergebung). Es bewegt mich, dass an dem Ort, an dem Bonhoeffer hingerichtet worden ist, folgender Bibelvers zu lesen ist: *„Gott hat uns nicht einen Geist der Furcht gegeben, sondern den Geist der Kraft, der Liebe und der Besonnenheit"* (2. Tim 1,7).

Unsere Gesellschaft hat sich total verändert. Bonhoeffers vorausschauende Sicht scheint sich gegenwärtig zu erfüllen: *"Wir gehen einer völlig religionslosen Zeit entgegen; die Menschen können einfach, so wie sie nun einmal sind, nicht mehr religiös sein. Auch diejenigen, die sich ehrlich als 'religiös" bezeichnen, praktizieren das in keiner Weise; sie meinen vermutlich mit 'religiös" etwas ganz anderes."* (Brief an seinen Freund Eberhard Bethge, Gefängnis Berlin-Tegel am 30.4.1944). Doch ganz gleich, was auf uns zukommen wird, die Freiheit in Christus kann mir niemand nehmen. Religionslose Menschen werden das kaum nachvollziehen können. Viele Leute denken, dass man seine Freiheit verliert, wenn man an Gott glaubt. Das aber stimmt nicht. Es ist umgekehrt. Die Freiheit, die ich meine, finden wir im Glauben an Jesus Christus. Sein Geist schenke uns die Freiheit, das zu tun, was Gott will.

WIEDER**GEBOREN**

Glaube liegt nicht in den Genen. Christlicher Glaube hat vielmehr etwas mit kindlichem Vertrauen zu tun! Leider ist bei vielen dieses Vertrauen im Laufe des Lebens enttäuscht worden! Nicht nur, dass Menschen aus der Kirche austreten – viele können oder wollen nicht mehr glauben, dass da ein Gott ist, der die Welt so sehr geliebt hat, dass er seinen Sohn sandte, damit alle, die an ihn glauben nicht verloren gehen, sondern errettet werden (Joh 3,16). Zugegeben, das ist schwer zu glauben. Vor allem, wenn diejenigen, die sich zu diesem Jesus Christus bekennen, irgendwie heuchlerisch, abgeschottet, weltfremd, antihomosexuell und verurteilend wahrgenommen werden! Soviel steht fest: Ein Christ ist nicht unbedingt ein Christ aufgrund seiner höheren moralischen Ansprüche; auch nicht weil er getauft und konfirmiert ist, das Vaterunser auswendig kennt und manchmal zur Kirche geht; und auch nicht, weil er an Gott glaubt. Die Bibel ist da eindeutig: Ein Christ ist jemand, der eine vertrauensvolle Beziehung zu dem Gott hat, der sich in Jesus Christus offenbart hat.

Es gibt verschiedene Missverständnisse, was das Verständnis von Glauben betrifft. Glauben heißt eben nicht, dass ich etwas für wahr halte. Natürlich glaube ich, dass Jesus der Weg, die Wahrheit und das Leben ist (Joh 14,6). Wenn ich das aber nur für wahr halte, ist mir damit auch nicht geholfen. Die Frage ist nicht in erster Linie, ob ich an die Existenz des auferstandenen Herrn Jesus Christus glaube, sondern ob ich eine vertrauensvolle Beziehung zu diesem dreieinigen Gott habe. Wir brauchen Vertrauen - Vertrauen zu einem Gott, der *über* uns ist – ein Gott, der diese Welt geschaffen hat, der mich kennt und mich trotzdem bedingungslos liebt. Wir brauchen Vertrauen zu einem Gott, der *für* uns ist – ein Gott, der diese Welt so sehr geliebt hat, dass er seinen Sohn sandte, der für mich und all das, was ich Gott gegenüber schuldig bleibe, am Kreuz auf Golgatha gestorben ist. Wir brauchen Vertrauen zu einem Gott, der *in* uns ist – ein Gott, der durch seinen Geist mein Denken und Empfinden verändert.

Wie aber kann man zu einer vertrauensvollen Beziehung zum dreieinigen Gott finden? Jesus sagt: *„Wer suchet, der findet"* – so einfach ist das. Entscheidend ist, dass ich mich auf die Suche begebe. Nikodemus wollte unbedingt wissen, wer dieser Jesus ist, und so hat er ihn eines Nachts still und heimlich aufgesucht. Dieser Nikodemus war ein gläubiger Mensch. Von klein auf verinnerlichte er seinen Glauben an Gott. Nun hatte er von Wundern gehört, die Jesus getan hatte. Vielleicht war er einfach nur neugierig, vielleicht fasziniert, vielleicht skeptisch. Jedenfalls wollte er sich nicht mit pauschalen Urteilen über Jesus zufriedengeben. Er wollte ihn persönlich kennenlernen. Gleich zu Beginn des Gesprächs brachte es Jesus auf den Punkt: *„Wer nicht neu geboren wird, kann nicht in Gottes neue Welt kommen"* (Joh 3,3). Wer weiß eigentlich, dass man nur Christ werden kann, indem man von Neuem geboren oder auch wiedergeboren wird? Ja, es gibt eine neue, eine unsichtbare Welt – das Reich Gottes Reich von Ewigkeit zu Ewigkeit. Um in diese Wirklichkeit hineinzufinden, muss ein Mensch gewissermaßen neu geboren werden, um ein neues, ewiges Leben zu beginnen. Das ist für jemand, der nicht wiedergeboren ist, natürlich vollkommen unverständlich. Nikodemus dachte, er müsste irgendwie in den Mutterleib zurück. Obwohl er ein anerkannter und gelehrter Mann war, konnte er sich nicht erklären, wie es möglich sein sollte, durch Wasser und Gottes Geist von Neuem geboren zu werden. Das Wasser ist Sinnbild für die Taufe. Ein Christ ist aber nicht unbedingt ein Christ, weil er getauft ist. Die Taufe macht nur dann Sinn, wenn Gottes Geist einen Menschen erfüllt. Der Heilige Geist schenkt mir ein ganz neues Bewusstsein. Plötzlich wird mir bewusst, dass da ein heiliger Gott *über* meinem Leben thront, dem ich niemals gerecht werden kann. Als Christ bin ich vielleicht nicht besser als andere, aber sein Geist macht mich sensibler. Mir wird bewusst, wie egoistisch ich manchmal bin und dass ich Vergebung brauche. Dann weiß ich, dass da ein Gott ist, der *für* mich und alles, was ich schuldig bleibe, am Kreuz gestorben ist. Dann fühle ich mich wie neu geboren, weil ich mich als Kind Gottes verstehen kann.

Kann man so naiv sein? Muss man nicht schon als Kind auf Christ geeicht sein, um das zu glauben? Nein, mit dem Heiligen Geist ist es, wie mit dem Wind: Man weiß nicht, woher er kommt und wohin er geht. Aber man spürt ihn, wenn man dafür offen und sensibel ist. Es ist ganz anders, als man denken könnte. Es ist geradezu umgekehrt: Ich muss umkehren bzw. umdenken. Nicht ich muss erst beweisen, dass ich besser werden kann, um mich guten Gewissens als Christ bezeichnen zu dürfen. Was mich besser macht, kann ich nur empfangen! Es ist Gott, der durch seinen Geist mein Denken und schließlich auch mein Handeln verändert. Wie bei meiner eigenen natürlichen Geburt (am 16.11.1967) konnte ich bei der neuen Geburt (am 18.10.1988) nichts weiter tun, als es geschehen lassen.

Noch einmal: Ich brauche Vertrauen – Vertrauen darauf, dass ein Leben mit Gott besser ist, als ein Leben ohne ihn. Jesus vergleicht im Gespräch mit Nikodemus ein Leben mit Gott mit einem Leben im Licht. Demgegenüber vergleicht er ein Leben ohne Gott mit einem Leben in der Finsternis. Das erscheint vielleicht manch einem zu schwarz-weiß gedacht. Man kann die Menschen doch nicht einfach in gut und böse aufteilen. Das möchte ich natürlich nicht tun: Auch Christen sind nur Menschen. Doch wenn ich im Glauben an Jesus Christus das Licht der Welt erblicke, dann sehe ich, dass da etwas Wahres dran ist, wenn Jesus sagt: *„Die Menschen lieben die Finsternis mehr als das Licht (...). Wer Böses tut, scheut das Licht und bleibt lieber im Dunkeln“* (Joh 3,19-20).

Nikodemus musste wohl noch etwas länger darüber nachdenken, was Jesus ihm zu erklären versuchte. An anderer Stelle erfahren wir im Johannesevangelium, dass Nikodemus zu späterer Zeit dagegen protestierte, dass Jesus ohne Prozess verurteilt werden sollte (Joh 7,50f). Und er half mit bei der Grablegung Jesu (Joh 19,39f). Dieses Engagement lässt vermuten, dass Nikodemus schließlich doch den Worten Jesu Glauben schenkte. Auch ich möchte abschließend bekennen: Es gibt nichts Besseres als ein Leben mit Gott, ein Leben im Licht seiner Liebe. Jeder hat die Freiheit, sich für oder gegen Jesus zu entscheiden. Jesus fragte sogar seine Jünger einmal ganz direkt: *„Wollt ihr auch weggehen?“* Daraufhin antwortete Petrus spontan: *„Herr, wohin sonst sollten wir gehen? Du hast Worte des ewigen Lebens!“* (Joh 6,68). Dem kann ich mich nur anschließen.

ZUKUNFTS**ORIENTIERT**

„Himmel und Erde werden vergehen – aber meine Worte werden nicht vergehen!“ Das hat Jesus im Blick auf die Zukunft unseres Planeten gesagt. Nun erwarteten Menschen zu allen Zeiten, dass sich dieses prophetische Wort sehr bald erfüllen würde. Doch die Erde dreht sich immer noch. Bis heute jedenfalls bewahrheitet sich das Versprechen, dass Gott den Menschen gab, nachdem er eine große Sintflut über die Erde kommen ließ. Da sprach Gott zu Noah: *„Niemals wieder werde ich durch Wasserflut die Erde und was auf ihr lebt vernichten. Das gilt für alle Zeiten.“* (1. Mose 9,11-12) Also, alles nur Panikmache? Können wir uns entspannt zurücklehnen oder sollten wir doch besser mit dem Bau einer Arche beginnen? In der Wochenzeitung „Die Zeit“ las ich einen interessanten Artikel mit dem Untertitel: *„Der Klimatismus als neue weltliche Religion“* (Josef Joffe, 10/2007). Darin heißt es: *„Zwei Jahrtausende nach Jesus beginnt ein neuer Glaube die Herzen und Hirne der westlichen Welt zu erobern. Der Klimatismus erscheint ohne Moses und Paulus, sozusagen im Wikipedia-Stil: Jeder ein Schriftgelehrter, jeder ein Erleuchteter.“* Es wird gemutmaßt, dass der Bestseller *„Eine unbequeme Wahrheit“* von Friedensnobelpreisträger Al Gore die Bibel ersetzten könnte. Die Jünger des Klimatismus warnen: *„Lasst ab vom Götzen wirtschaftliches Wachstum. Verbeugt euch zerknirscht vor der Natur. Kauft Ablass mit CO_2-Zertifikaten.“* Soweit kurze Auszüge aus diesem Artikel. Das andere Extrem wäre eine Lebenseinstellung nach dem Motto: *„Nach mir die Sintflut!“*. Wie positionieren Sie sich? Wobei sich die Frage stellt, ob es sich überhaupt lohnt, eine Arche zu bauen, wenn am Ende Himmel und Erde ja doch vergehen werden? Ich kann diese Frage nur theologisch beantworten. Dazu möchte ich klarstellen, dass man an die Bibel, angefangen mit dem Schöpfungsbericht, nicht den Anspruch eines wissenschaftlichen Berichts richten darf. Dennoch ziehe ich ganz wesentliche Erkenntnisse aus dem Buch der Bücher, das am Anfang die Schöpfung unseres Planeten beschreibt und am Ende der Zeit einen neuen Himmel und eine neue Erde verheißt:

Also, ein erster wichtiger Gedanke von der Bibel her ist der, dass Gott den Menschen mit der Bewahrung der Schöpfung beauftragt hat. In 1. Mose 1,28 heißt es nach der Übersetzung Martin Luthers: *„Macht euch die Erde untertan!“* Das könnte man fälschlicherweise so auffassen, dass wir die Ressourcen von Mutter Erde guten Gewissens ausschöpfen können – koste es, was es wolle. Da wird schon heute über die verborgenen Schätze unter der Eisfläche Grönlands spekuliert und darum gefeilscht, wer darauf zugreifen darf. Die Mächtigen wollen sich die Erde untertan machen und missbrauchen dabei oftmals ihre Macht. Das hebräische Wort an dieser Stelle zielt dagegen ausdrücklich auf Nachhaltigkeit. Es geht darum, die Erde so zu bebauen und zu kultivieren, dass sich die vorhandenen Ressourcen regenerieren können. Doch das lässt das maßlose Streben nach Wirtschaftswachstum nicht zu. Von daher dürfen wir Gott nicht dafür verantwortlich machen, wenn sich menschlicher Hochmut irgendwann rächt. So gesehen müsste die gesamte Menschheit Buße tun! Das Wort Buße will allerdings niemand hören. Doch ohne Buße wird es so kommen, wie es kommen muss. Buße heißt umdenken. Der Mensch muss von den eigenen Vorteilen wegdenken, hin zu Gott und den nächsten Generationen. Das ist eine Lehre, die ich aus einem Unglück, wie in Fukushima geschehen, ziehe. Zwar fühle ich mich ohnmächtig, etwas an den Verhältnissen dieser Welt zu verändern. Doch ich möchte mich ganz bewusst jeden Tag neu der Herrschaft Gottes unterstellen. Ich möchte nach seinem Willen fragen und das tun, was ich vor Gott und meinen Kindern verantworten kann.

Wir haben also eine Verantwortung, der wir uns nicht entziehen dürfen. Doch ändern können wir am Ausgang der Weltgeschichte trotzdem nichts, oder? Wenn Jesus sagt: *„Himmel und Erde werden vergehen“*, dann glaube ich, dass es so kommen wird und so kommen muss. Das mag aus wissenschaftlicher Sicht fragwürdig erscheinen. Interessant ist, wie Jesus die alte Geschichte von der Arche Noah auf die Zukunft bezieht: *„Ja, ich sage euch: Dieses Volk wird nicht untergehen, bevor das alles geschieht. Himmel und Erde werden vergehen; meine Worte aber gelten für immer. Niemand weiß, wann das Ende kommen wird, weder die Engel im Himmel noch der Sohn. Den Tag und die Stunde kennt nur der Vater. Wenn der Menschensohn kommt, wird es auf der Erde zugehen wie zur Zeit Noahs, als die große Flut hereinbrach. Damals dachten die Menschen auch nur an*

Essen, Trinken und Heiraten. Selbst als Noah in die Arche stieg, glaubten die Leute nicht an das Unheil, bis die Flut sie alle mit sich riss. So wird es auch beim Kommen des Menschensohnes sein" (Mt 24,35-39). Zunächst dachte ich, das würde dem Versprechen Gottes im ersten Buch Mose widersprechen, wo es heißt: *„Solange die Erde besteht, soll nicht aufhören, Saat und Ernte, Kälte und Hitze, Sommer und Winter, Tag und Nacht"* (8,22). Doch diese Zusage Gottes gilt nur *„solange die Erde besteht".* Das besagt, dass die Erde irgendwann nicht mehr bestehen wird. Dann werden wir in eine neue Dimension eintreten. Die unvorstellbare Dimension eines neuen Himmels und einer neuen Erde. Soviel ist sicher, die Bibel kennt nur ein lineares Geschichtsverständnis mit göttlichem Ursprung und einem von Gott bestimmten, endgültigen Ende auf dem Zeitstrahl der Geschichte. Christen glauben also nicht, dass alles ewig wiederkehrt. Wenn sich auch alles Leben evolutionsmäßig beständig weiterentwickelt, so wird der Mensch nicht zu einem höheren Wesen mutieren und auch nicht in anderer Gestalt wiedergeboren. Irgendwann ist Schluss. Irgendwann kommt ein Tag, auf den kein neuer Morgen folgt. Wie der Tod menschliches Leben in der Diesseitigkeit beendet, so wird die Geschichte der Menschheit an einem vorher bestimmten Tag beendet sein. Am Ende beschließt nicht eine Katastrophe das Schicksal der Menschheit, sondern Gott selbst, der in Jesus Christus wiederkommen wird. Hier stoßen wir an Grenzen des Verstehens. Genau an diesen Grenzen beginnt der Glaube. Dieser Glaube hat Macht. Denn im Glauben daran, dass Jesus eines Tages wiederkommt, können wir bei allen denkbaren Schreckensszenarien gelassen bleiben. Wir müssen keine Angst vor der Zukunft haben. Wir brauchen uns also nicht verrückt machen und lange darüber spekulieren, wann nun das Ende kommt. Das sollen und dürfen wir nicht wissen. Gleichzeitig werden wir alles Menschenmögliche tun, um die Zukunft positiv zu gestalten. Ich werde auch morgen noch ein Apfelbäumchen pflanzen!

Ein Gedanke beschäftigt mich noch: Jesus fordert uns dazu auf, wachsam zu sein, also die Zeichen der Zeit wahrzunehmen. Nun sagt Jesus, dass die Zustände auf dieser Welt kurz vor seiner Wiederkunft vergleichbar wären mit den Zuständen, die in den Tagen Noahs herrschten. Seit der Sintflut hat sich im Grunde nicht viel geändert. Warum nur lernt die Menschheit so wenig aus der Geschichte? Allerdings haben wir dank der Wissenschaft heute ganz andere Möglichkeiten, als die Menschen zu Noahs Zeit. Heute gibt es wissenschaftliche Erkenntnisse, die durchaus alarmierend sind. Damit gibt Gott uns die Chance, etwas zu ändern. Doch diese Chance muss die Menschheit ergreifen! Die Hoffnung, dass sich diese Welt noch retten lässt, ist deshalb so gering, weil zu viele Menschen nur ihren eigenen Vorteil suchen. Darin ist die eigentliche Schuld des Menschen zu sehen. Bei allem guten Willen: Letztlich ist da niemand ausgenommen. Wir brauchen einen, der uns erlöst von dem Bösen. Einen, der uns unsere Blindheit, unsere Gleichgültigkeit, unsere Selbstgerechtigkeit vergibt! Das ist möglich geworden, weil Jesus uns seinen Geist gegeben hat. Dieser Geist macht aus einem Menschen eine neue Kreatur – mitten im Leben hier auf diesem Planeten (vgl. 2. Kor 5,17). Das kann man wissenschaftlich nicht nachweisen. Meine Hoffnung für diese Welt ist, dass sich Menschen durch Gottes Geist konsequent und vorbildlich für die Schöpfung einsetzen. Und solange sich die Erde dreht, bin ich gewiss, dass *„weder Tod noch Leben, weder Engel noch Mächte noch Gewalten, weder Gegenwärtiges noch Zukünftiges, weder Hohes noch Tiefes noch irgendeine andere Kreatur mich von der Liebe Gottes, die ich in Jesus Christus erkannt habe, trennen kann"* (Römer 8,32). Im Blick auf das Ende der Zeit sehe ich im Glauben einen neuen Himmel und eine neue Erde: *„Denn der erste Himmel und die erste Erde sind vergangen – auch das Meer ist nicht mehr. Dort wird Gott alle Tränen von unseren Augen abwischen, kein Leid noch Geschrei, noch Schmerz wird mehr sein. Denn das Erste ist vergangen"* (Offb 21,1-4). Das sind Worte, die niemals vergehen werden, solange sich die Erde dreht. Wer diesen Worten heute schon Glauben schenkt, wird Hoffnung haben und im besten Sinne zukunftsorientiert sein.

ZWISCHEN**DRIN**

Wir befinden uns in einer Zwischenzeit. Anfangs glaubten diejenigen, die mit eigenen Augen sahen, wie Jesus zum Himmel aufgefahren ist, dass Jesus schon bald vom Himmel her wieder auf die Erde zurückkommen würde (Apg 1,10-11). Daraufhin geschah zunächst das Pfingstwunder. Der Heilige Geist sollte in der Zwischenzeit wirksam werden. Doch schon zu frühchristlicher Zeit entwickelte sich im Blick auf die Zukunft eine gewisse Unsicherheit. Viele Christen der Gemeinde in der Hafenstadt Thessalonich waren fest davon überzeugt, dass Jesus noch zu ihren Lebzeiten wiederkommen würde. Verständlich also die Verunsicherung, als sich diese Erwartung nicht erfüllte (vgl. 1.Thess 4,13-18). Nach wie vor leben wir in dieser Spannung zwischen dem *„Schon-und-noch-nicht"* – also zwischen dem, was *schon* in Erfüllung gegangen ist und dem, was sich *noch nicht* erfüllt hat, und sich in Zukunft noch erfüllen wird. Diese Spannung kann niemand auflösen. Wir müssen einerseits wachsam sein und damit rechnen, dass Jesus schon sehr bald wiederkommt – vielleicht sogar noch zu unseren Lebzeiten - und andererseits sollten wir gelassen bleiben und geduldig abwarten. Wie gesagt: Wir leben in einer Zwischenzeit – in einer Zeit von Ewigkeit zu Ewigkeit. Irgendwo dazwischen befinden wir uns – zwischen hoffen und bangen, zwischen Rechtfertigung und Heiligung, zwischen gut und böse. Das sind die Spannungsfelder, auf die der Apostel Paulus in seinen Briefen näher eingeht:

1. Zwischen hoffen und bangen

Eigentlich vergeht ja kein Tag, an dem man nicht hoffen und bangen würde. Das beginnt schon am Morgen, wenn ich darüber nachdenke, was der Tag wohl bringen wird. Wenn ich dann am Frühstückstisch die Zeitungsartikel überfliege und von Krieg und Terror, von einer nuklearen Katastrophe und einer globalen Finanzkrise lese, muss ich gelegentlich daran denken, was Jesus für das Ende der Weltzeit vorausgesagt hat. Nun schreibt Paulus, dass unser Herr wie ein *„Dieb in der Nacht"* kommen wird (Mt 24,43). Diese Vorstellung ist nicht besonders beruhigend. Der Vergleich soll eins aufzeigen, dass wir wachsam sein müssen. Sicher: Es nützt nichts, sich in eine gewisse Endzeitstimmung hineinzusteigern und Ängste zu schüren. Auf der anderen Seite dürfen wir die Hoffnung auf die Wiederkunft Jesu aber nicht aus dem Blick verlieren und gedankenlos in den Tag hinein leben. Das sind die beiden Extreme. Wo würden Sie sich zwischen diesen beiden Extremen einordnen? Das hängt natürlich auch von der momentanen Lebenssituation ab, in der wir uns befinden. Aus den Briefen an die Thessalonicher geht hervor, dass einige Christen glaubten, sie bräuchten nicht länger der täglichen Arbeit nachgehen, wenn doch ohnehin bald alles vorbei sein würde. Heute stehen wir wohl eher in der Gefahr, dass sich alles nur noch darum dreht, seinen Job zu behalten oder Karriere zu machen. Wenn wir aber nur noch im Heute leben und für den ewigen Gott keine Zeit mehr haben, ist das auch nicht gut. Tja, was tun? Wachsam sein, bedeutet nicht nur aufmerksam die Zeichen der Zeit zu deuten. Wachsam sein, heißt für mich vor allem auch, auf mich selbst zu achten – eben darauf zu achten, dass ich irgendwo in der Mitte zwischen hoffen und bangen, die Freude nicht verliere. Paulus schreibt in dem Zusammenhang: *„Freut euch zu jeder Zeit"* (V.16). Das ist durchaus herausfordernd. Die Freude, von der Paulus spricht, ist gewissermaßen eine Vorfreude auf das, was noch kommt – wenn es einmal keine Tränen, keine Schmerzen und kein Geschrei mehr geben wird! Sollten wir selber von Leid betroffen sein, bleibt trotz allem diese Freude, die von innen kommt. Allerdings gehört schon etwas dazu, sich in jeder Lebenslage zu freuen – nämlich beten und danken: *„Betet unablässig und dankt für alles; denn das ist es, was Gott von euch will, die ihr zu Christus Jesus gehört"* (V.17f). Auch diese Formulierung wirft Fragen auf: Wie könnten wir für alles danken, was in dieser Welt geschieht? Ich verstehe Paulus so, dass wir mit allem, was uns Angst macht, jederzeit im Gebet zu Gott kommen können. Wenn wir das unablässig tun, wird uns der Heilige Geist mit einer Freude beschenken, die nicht von dieser Welt ist. Dann kann ich mich an dem freuen, was ist und zugleich freue ich mich auf das, was noch kommt. Auf diese Weise kann ich in dieser Zwischenzeit, zwischen hoffen und bangen, gut leben.

2. Zwischen Rechtfertigung und Heiligung

Nun trösten wir Christen uns ja meist damit, dass wir vor Gott gerechtfertigt sind. Wir haben das endzeitliche Gericht Gottes nicht zu fürchten, weil wir glauben, dass Jesus für unsere Schuld am Kreuz gestorben ist. Das ist beruhigend zu wissen. Es kann uns aber nicht gleichgültig sein, was in der Zwischenzeit bis zur Wiederkunft Jesu passiert. Paulus schreibt: *„Er selbst, der Gott des Friedens heilige euch vollständig und bewahre euren Geist, eure Seele und euren Leib unversehrt bei der Ankunft unseres Herrn Jesus Christus. Treu ist er, der euch beruft, er wird es auch tun“* (1.Thess 5,23-24). Hier formuliert Paulus zum Ende seines Briefes an die Thessalonischer die besondere Bitte an Gott, dass er seine Gemeinde vollständig heilige. Wenn wir das auf die christliche Gemeinde unserer Zeit beziehen: Was bedeutet das? Wir sind dazu berufen, heilig zu sein! Wir können es uns nicht aussuchen, wir sind dazu bestimmt. Entscheidend ist, dass wir den Gott des Friedens an uns arbeiten lassen – und zwar an Geist, Seele und Leib. Gemeint ist der ganze Mensch. Wir dürfen Geist, Seele und Leib nicht voneinander trennen und denken, es würde ausreichen, sich intellektuell, also auf einer geistigen Ebene mit dem Thema Rechtfertigung und Heiligung zu beschäftigen. Was unser Geist erkennt, muss viel tiefer bis in die Seele vordringen. Das griechische Wort für Seele ist „Psyche“. Wenn es einem psychisch nicht gut geht, wirkt sich das irgendwann psychosomatisch aus. Dann leidet der ganze Mensch, weil er innerlich keinen Frieden hat – keinen Frieden mit Gott und auch nicht mit sich selbst. Nur Gottes Geist kann den menschlichen Geist samt Leib und Seele von dieser inneren Zerrissenheit erlösen. In diesen Riss zwischen dem Menschen, der ich gerne sein möchte und dem, der immer wieder von sich selbst enttäuscht ist, ist Gott selbst in Jesus Christus getreten. Im Glauben an ihn finde ich inneren Frieden, wenn ich verinnerliche, dass Gott mich so annimmt, wie ich bin. So unvollkommen, wie wir sind, sind wir gerecht vor Gott, weil Christus uns gerechtfertigt hat. Das stimmt. Aber das bedeutet natürlich nicht, dass ich so bleiben muss, wie ich bin. Im Gegenteil: Ich möchte, dass der Heilige Geist mich heiligt und ich immer mehr zu dem Menschen werde, der ich sein möchte. Allerdings darf ich mich auch nicht derart unter Druck setzen, alles immer vollkommen richtig machen zu wollen. Das möchte der Perfektionist in mir gerne sehen. Doch der Perfektionist in mir braucht eben auch manchmal Korrektur. Ansonsten wirkt sich das sehr bald psychosomatisch aus! Wo die Balken sich kreuzen, ist die Mitte. Im Blick auf das Kreuz Jesu finde ich eine gesunde Mitte – in dem Wissen, dass ich ein Sünder und zugleich ein Heiliger bin. Das kriege ich irgendwie nicht zusammen – und doch kann ich damit gut leben, denn Gott ist treu.

3. Zwischen gut und böse

Solange wir leben, wird das Gute gegen das Böse kämpfen. Das weiß auch Paulus. Darum fordert er schlicht: *„Meidet das Böse in jeder Gestalt"* (V.22). Wenn das nur so einfach wäre. Manchmal muss man sich ja über sich selbst wundern, wozu man fähig ist. Das Böse kommt eben nicht nur von außen. Darum betont Paulus: *„Unterdrückt nicht den Geist"*! Oder man kann auch übersetzen: *„Löscht den Geist nicht aus"* (V.19). Für Paulus ist das Wirken des Heiligen Geistes vergleichbar mit einem Feuer. Man kann es löschen oder einfach ausbrennen lassen. Wir können es aber auch neu entfachen! So ist es auch mit dem Geist. Wir können sein Wirken zumindest beeinflussen. Unser Geist muss schon offen sein für das Wirken seines Geistes. Wenn wir das nicht wollen, dass sein Geist ein Feuer in uns entfacht, wird nichts passieren. Paulus mahnt: *„Prüft alles, und das Gute behaltet"* (V.21). Das Gute ist, dass wir alles prüfen können. Dazu befähigt uns der Heilige Geist.

Wenn also jemand die Zeichen der Zeit prophetisch deutet, dann sollten wir das durchaus kritisch hinterfragen. Damit dürfen wir es uns allerdings auch nicht zu leicht machen. Wichtig ist, dass sich jeder auch selbstkritisch hinterfragt: Wo stehe ich in der Gefahr, das Wirken des Geistes in meinem Leben auszulöschen? Wie kann ich das Feuer und die Leidenschaft des Glaubens wieder neu entfachen? Was ist mit dieser geistlichen Freude, die jederzeit möglich ist? Und wie sieht es aus mit dem Thema Heiligung in meinem Leben? Gelingt es mir, das Böse mit Gutem zu überwinden? Bin ich guter Hoffnung, dass ich am Ende zu denen gehören werde, die Jesus gnädig annimmt? Prüfen Sie diese Fragen im Blick auf Ihr eigenes Leben. Ich möchte die Zwischenzeit nutzen und das Beste daraus machen – damit der liebende Vater im Himmel verherrlicht wird!

Nachwort

Was wäre ein Mensch ohne nette Menschen, die ihn unterstützen? Zwei Menschen möchte ich herzlich danken: Jana Schumacher danke ich für ihre Ermutigung und Unterstützung, was Layout und Inhalt dieses Buches betrifft. Und Friederike Elfers danke ich dafür, dass sie ihre wunderbaren Zeichnungen zur Verfügung gestellt hat.

Printed by Books on Demand GmbH, Norderstedt / Germany